‖ 인문교양총서 40

조선시대 노동의 기억

비부婢夫 한선

●

김희호

저자 **김희호**__경북대학교 경제통상학부 교수

미국 노스캐롤라이나대학교 경제학 박사
영국 런던 정경대(LSE) 대학원 경제사학 전공
미국 하바드대학교 Weatherhead Center for International Affairs, Research
Fellow.

조선시대 후기 노비와 노비제도에 대한 연구를 하였으며, 그에 대한 학술저서
『조선시대 노비와 토지소유방식』으로 대한민국 문화관광부 학술상을 받았다.
그 이후, 조선시대 토지의 소유방식에 대한 연구를 통해 이 시기 토지의 소유
와 분배, 그리고 농업경제에서 민중들의 삶을 조명하였다. 최근 조선 후기 일본
의 조선 식민화 정책으로서 화폐정책과 인플레이션을 살펴보고, 화폐적 경제수
탈에 대한 연구를 진행하고 있다.

▎사진 자료 출처
　문화재청 국가문화유산포털(http://www.heritage.go.kr/)

경북대 인문교양총서⑩
조선시대 노동의 기억
비부婢夫 한선
초판 인쇄　2019년 12월 16일
초판 발행　2019년 12월 26일

지은이　김희호
기 획　경북대학교 인문대학
펴낸이　이대현
편 집　이태곤 권분옥 문선희 백초혜
디자인　안혜진 최선주 김주화
마케팅　박태훈 안현진

펴낸곳　도서출판 역락
주 소　서울시 서초구 동광로 46길 6-6 문창빌딩 2층
전 화　02-3409-2060(편집), 2058(마케팅)
팩 스　02-3409-2059
등 록　1999년 4월 19일 제303-2002-000014호
전자우편　youkrack@hanmail.net
역락 홈페이지　www.youkrackbooks.com
ISBN　979-11-6244-433-7 04300
　　　978-89-5556-896-7(세트)

인문교양총서 040

조선시대 노동의 기억

비부婢夫 한선

김희호 지음

역락

조선시대 1822년 자매노비의 매매문서(국립중앙박물관 소장)
이 문서는 32세의 복쇠와 그 아내가 박승지 댁에 스스로 팔아서 노비가 되는
내용이다. 손 그림은 매매계약의 사인으로 수결을 증명하는 것으로서, 남자의
것임을 알 수 있다.

"비부 한선이 비 손단을 거느리고 도망갔다. 그 부부의 생계는
길에서 굶어죽는 것 외에는 다른 방책이 없을 것이다. 그들의
도망은 가히 애통하다"(노상추 일기 1822년 4월 24일).

―――――――――

"일찍이 別業의 행랑채에 박태재라는 사람이 있었는데 즉 옹
기장이었다." (1827년 6월 8일).

조선시대 19세기 옹기장수 모습
1827년 노상추의 행랑채에 살던 박태재는 옹기장으로서 민관에 옹기를
만들어서 생활을 영위했다 - 노상추 일기 (1827년 6월 8일)

프롤로그

비부(婢夫) 한선은 18세기 후반에서 19세기까지 경상도 선산에 살았던 노상추(1747–1829년) 집안에서 일했던 실존인물이다. 노상추가 쓴 일기에서 1822년 4월 24일 비부(婢夫) 한선이 여종(비, 婢) 손단을 데리고 도망갔다. 비부 한선은 노비가 아니었지만, 노비처럼 일을 했던 천한 신분이었으며 조선사회의 신분제에서 머슴(이 시기 공식 명칭은 고공, 雇工)신분으로 보인다.

이 책은 비부 한선의 도망을 모티브로 해서 비부 한선의 정체가 무엇이며, 어떤 일을 했으며, 노상추가에서 도망간 이후 어떻게 살아갔는지를 추적해보고자 한다. 노상추가의 비부 한선은 조선 후기에 살았던 노동자(이 시기 공식 명칭은 작인)의 전형이며, 이를 통해서 조선 후기 노동자의 모습을 기억해보고자 한다. 노상추 일기에서 비부 한선과 비 손단 부부가 도망간 이후 어디에서 그 삶을 지속했는지 아무도 모른다. 이들이 노상추가로 부터 도망간 곳은 아마 붙잡히지 않고 숨어서 지내기 적합하거나, 호구지책으로 날품 일을 할 수 있는 곳으로 추정된다. 이에 적합한 곳은 산악지역으로서 숨어서 지내기 좋은 경상도 남쪽 언양이거나, 토지가 비옥하고 양반지주가 많아서 날품 일을 쉽게 구할 수 있었던 경상도 단성(오늘날 산청)지역이었다. 이 책은 경상도 언양과 단성 지역에서 비부 한선과 비 손단이 도망가서 어떻게 살았는지를 추적하고자 한다.

경상도 언양은 현재 경남 울산시 언양이며 청도와 밀양에서 해안지역인 울산으로 넘어오는 중간에 위치한 가파른 산간지역으로서 인구와 생산품이 미약하였으며, 저명한 관리도 배출되지 않아서 양반의 영향력도 크지 않은 평범한 농촌이었다. 18세기 『호구총수(戶口總數)』에 의하면, 언양 인구는 경상도 다른 지역과 비교해서 19위에 해당될 정도로 인구가 적었고, 인구의 증가도 매우 느렸다. 하지만, 언양 지역의 호당 인구는 8~9명이었으며, 전국 호당 평균 인구수인 4.2명과 비교할 때 매우 높은 편이다. 이처럼 언양에서 호당 인구가 많은 것은 지리적으로 산악지역이어서 토지가 척박하고 농사짓기 힘들다는 지리적 특징이 있기 때문이다. 한편, 단성은 오늘날 경상남도 산청군 단성면과 그 인근 지역이며, 지리산 자락이 남해 쪽으로 펼쳐진 자리에 위치한다. 조선 세종 때에 신설된 단성현은 임진왜란 직후부터 1613년(광해군 5)까지 작은 현으로 존속하였으며, 지리산에 인접한 산간지역이었기 때문에 평야지역은 많지 않았다. 하지만 토지가 비옥하고 기온이 따뜻하며 계곡 물을 이용해서 논의 경작이 용이해서 작은 고을임에도 불구하고 경상도 진주와 더불어 많은 양반들이 살았다.

이 책은 비부 한선이라는 머슴의 삶을 통해 처음으로 조선 후기 노동의 변천과정을 시대별로 살펴보는 교양서이자, 학술서이다. 특히, 이 책은 19세기 조선시대 신분제가 약화되면서 신분제 사회의 키워드로서 머슴의 모습이 어떻게 변화되었으며, 노비와의 관계는 어떻게 설정되었는지를 보여주고 있다는 점에서 조선후기 노동사 연구에 큰 의미를 가진다. 이 책은 저자가 조선시대 관찬자료, 호적대장, 고문서, 양반일기, 노비 매매문서에서 오랫동안 수집한 머슴의 삶에 대한 광범위한 역사자료이다. 특히, 조선 후기 200년 동안 작성된 언양과 단성의 호적대장과 630건의 노비매매문서를 통해서 머슴들이 살았던 삶의 모습을 기억하는 유일한 설명서이다. 이 책은 조선시대에 노동하며 살았던 사람들을 기억해보고, 노동하는 자에 대한 천한 편견을 바로잡고 조선 경제사의 공백을 메우는 데 기여할 것으로 기대된다.

지금은 사라진 머슴의 모습을 찾기 위해 많은 역사적 사료와 상상력을 동원하였다. 머슴은 아직까지 귀에 익은 단어이다. 머슴에 대한 첫 번째 기억은 노상추가의 비부 한선과 같이 양반 댁에서 농사일을 거들고 품삯을 받던 노동자로서 청장년 남자이며, 두 번째 기억은 보통사람보다 천한 신분이라는 것이다. 조선에서 농사를 짓던 사람들은 노비이었지만, 왜 노비가 아닌 머슴이 먼저 각인되는 걸까? 우리에게 머슴은 매우 친숙한 단어지만, 누가 머슴이었으며, 이들은 어떻게 살았는지에 대해 거의 알려진 것이 없다. 머슴에 대한 사료가 부족할 뿐 아니라, 사료에 대한 해석의 차이로 인해 머슴의 성격에 대해 아직 정확하게 알지 못한다. 이 책은 조선후기인 18-9세기 양반가의 일기와 고문서에 나타난 머슴의 모습을 확인하기 위해서 몇 번이나 쓰고, 지우는 작업을 반복했다.

머슴은 서양에서 산업혁명이 시작되는 18세기 후반 고공정제(1783년)라는 법에 의해 만들어진 후천적인 신분이었다. 그 법에서 임금을 대가로 노동력(力役)을 제공하는 사람을 머슴(고공)이라고 하였으며, 그 신분 지위가 노비보다는 높지만 양민보다 못한 신분이었다. 흥미로운 사실은 신분제 사회인 조선에서 양반과 양민이 누구나 원하면 머슴이 될 수 있었으며, 머슴이 원하면 다시 원래 양민이나 양반의 신분으로 회복할 수 있는 신분적 개방성이다. 서양의 산업혁명은 봉건경제에서 새로운 자유주의와 시장경제로 전환하는 시기이었으며, 이전 사람들이 겪어보지 못했던 비약적인 생산성 향상과 경제성장을 가져다주었다. 하지만, 같은 시기 조선에서 생산성은 급격하게 하락하였고, 그나마 작게 활동하던 시장마저 줄어들면서 경제침체에 빠져들고 있었다. 이러한 서양과 상반된 조선의 경제성장 경로에서 조선의 삶과 경제를 이해하는 코드가 머슴이었다. 이들은 수직적 신분제도에서 수평적인 노동계약에 의해 태어난 이질적인 임금 노동자이었으며, 결국 다시 노비로 되돌아간 실패한 노동자이다.

조선시대사에서 주요 논쟁점은 신분사회에서 머슴은 수평적인 계약 노동자인가, 아니면 예속적인 신분 노동자인가에 대한 논란이다. 노상추의 일기에서 비부 한선 부부가 도망가는 것은 이들이 예속적이라는 것을 말해주고 있지만, 그에 대한 처벌은 노비에 비해 약했다. 노상추는 이들을 응징하는 대신 돌아오라고 설득하는 데에서 머슴의 성격을 짐작할 수 있다. 이 시기 머슴은 노비와 서로 혼용되어 사용되었고, 노비가 머슴이 되기를 원하기도 하였으며 신분제 노비와의 경계도 사라졌다. 노비는 법에 의해 가장 천한 신분으로서 양반 지주의 토지에서 농사를 지었던 중요한 생산수단이었지만 노비의 삶에 대한 사료도 거의 남아 있지 않다. 사회질서가 혼란스러운 19세기 말에 노비와 그 주인에 의해 노비 자료는 모두 불태워 없어졌다. 노비는 천한 신분과 강제노동에서 벗어나기 위해서 끊임없이 도망을 갔거나, 자신의 신분을 상승시키는 노력을 하였다. 조선 후기 노비를 가질 수 없었던 양민과 외거노비는 부족한 농업 노동력을 보충하기 위해서 처음에 계약 노동자로서 청장년 남자머슴을 고용하기 시작했다. 하지만, 법적인 규정으로 머슴의 계약기간은 장기적으로 변화되었다. 장기 구속적 계약에서 머슴도 노비와 같이 도망하기 시작했으며, 머슴의 노동성격도 예속적으로 변해갔다. 조선의 신분사회에서 머슴은 계약 노동자로서 이질적이었지만, 다시 신분제에 편입된 예속 노동자이었다. 하지만, 200년 전 머슴이 가지는 중요한 의미는 임금 노동자로서 노동시장의 맹아를 열었다는 것이다.

이 책의 출판은 많은 분들의 도움과 격려로 가능했다. 특히, 저서의 작업을 지원해주신 경북대학교 인문대학의 인문교양총서 간행사업단에게 진심으로 감사드린다. 또한, 저술과정에서 훌륭한 제언과 직접 초고를 읽고 나서 수정을 해준 동료 교수님들과 출판교정을 맡아주신 분들께 감사드린다.

저자 김희호 씀

차례

조선시대 1750년 해동지도에서 나타난 경상도지역
경상도 선산에서 살았던 비부 한선이 비 손단과 도망간 곳으로 추정되는 루트로서
인동, 영천, 언양, 단성(오늘날 산청) 지역이 표시되어 있다. 또한, 노상추가의 전답이
있던 곳으로서 선산, 도개, 개령(오늘날 김천), 금산, 성주, 칠곡이 표시되어 있다.

제1장 노비가 도망가다

　노상추는 1747년 경상도 선산에서 태어나서 1829년까지 살았던 무인출신의 양반이다. 노상추가의 전답은 금산(現 김천)·개령(現 김천)·판산(現 고령)을 제외하면 고남(古南), 무래(舞來), 탑동(塔洞), 죽령(竹嶺), 신기(新基) 등 경상도 선산(善山) 거주지와 가까이 분포하였다. 전답 규모는 논 127두락, 밭 120두락이었으며, 집에서 멀리 떨어진 개령과 금산, 판산에도 논 40두락과 밭 45두락을 가지고 있었다. 노상추가의 재산은 당시에 꽤 큰 재산 규모이며, 노비도 10여 명을 거느리고 있었다. 조선 후기 양반가에서 노비의 역할은 농업에서 안정적으로 노동력을 제공하였을 뿐 아니라, 양반의 체면을 유지하는데 필요한 사역노동자이며, 같이 살아온 인생반려자이었다. 하지만, 19세기 어느 날부터 노비가 자주 도망가기 시작했다. 이들은 대부분 솔거노비들이었다. 노상추가 쓴 일기에서 1822년 4월

24일 이 집에서 일하던 비부(婢夫)한선이 여종(비, 婢) 손단을 데리고 도망갔다.

> "비부 한선이 비 손단을 거느리고 도망했다. 생각건대 그 부부의 생계는 도로에서 굶어죽는 것 외에는 다른 방책이 없을 것이다. 그들의 도망 형태는 가히 애통하다."

　일기에서 비부 한선은 비(婢) 손단의 남편(夫)으로 소개되고 있지만 노비가 아닌 것으로 보인다. 그가 노비였다면 그 집안의 중요한 재산으로서 노(奴) 한선으로 표시되었을 것이다. 비부 한선은 노비가 아니었지만, 조선에서 머슴(공식 법제적 명칭은 고공, 雇工) 신분으로 보인다. 이 시기 머슴과 노비는 자주 혼용해서 사용되었다. 비부 한선과 비 손단이 도망 후 소재가 파악된 것은 두 달 이상 지난 뒤이었다. 노상추는 지인 장동윤을 통해 이들이 칠곡 인동(仁同)에 살고 있다는 소식을 듣고 바로 그곳으로 달려갔다. 노상추는 어느 객사의 공방에 거주하고 있던 이들을 발견하고 비 손단에게 하루속히 돌아오라는 말만 남기고 집으로 즉시 돌아갔다. 이전에 도망노비들을 붙잡았을 때 죽을 만큼 매를 때려 응징했던 것과는 아주 다른 행동이었다. 노년기 노상추는 비부 한선이 그의 아내 비 손단을 데리고 도주한 것에 대해 애써 애통한 마음을 달래고 있다.
　18세기 후반 노비들이 도망가면 그에 대한 양반의 심정을 노상추 일기는 "죄를 지어서 용서하지 못할"('罪不容死者'), "가히 죽이고 싶은"('可殺')과 같이 아주 강한 표현을 썼다. 노상추는 도망노비에 대해 강하게 징벌하였다. 그럼에도 불구하고 노비의 도망이 늘어나자 19세기 노년기 노상추는 도망노비에 대한 응징도 점차 완화하였다.

"....들으니 어린 노 용복이 도망했다고 하니, 가히 애통하다. 노 용악이 오늘 와서 보고했는데 어린애들을 거느리고 고향으로 돌아왔다. 떠돌아다니면서 얻은 것은 4명의 아들일 뿐이었다. 노 최삼이 도망했다가 돌아왔기에 사역을 시켰다."

그리고 노상추가의 또 다른 노비 용악과 최삼이 도망갔다가 되돌아 왔을 때도 이전과 달리 특별히 처벌이나 응징을 하지 않고 다시 이전처럼 사역을 시켰다. 19세기 조선의 신분사회가 흔들리듯이, 주인과 노비의 관계도 점차 변화하고 있었다.

1. 노상추 일기

『노상추 일기』는 조선후기 경상도 선산에서 살았던 경주(안강) 노씨 노상추(盧尙樞; 1746~1829)의 일기이다. 노상추는 17세(1762)부터 일기를 쓰기 시작하여 생을 마감하는 84세(1829)까지 거의 하루도 빠짐없이 일기를 써왔다. 노상추의 부친 노철 (1715~1772)은 19세부터 일기를 쓰기 시작하였으나, 1762년에 큰아들이 죽으면서 상심하여 일기를 둘째아들인 노상추에게 넘겨주었다. 노상추는 부친의 뜻에 따라 17세부터 일기를 쓰기 시작하여 사망하던 84세까지 68년 동안 일기를 썼다. 매년 일기의 표지에 '임오일기(任午日記)' 등 그해의 간지를 제목으로 붙이고 책으로 묶었다.

노상추 일기(1762-1829)
『노상추 일기』는 조선후기 경상도 선산에서 살았던 경주(안강) 노씨 노상추(盧尙樞; 1746~1829)의 일기이다.
노상추는 17세(1762)부터 일기를 쓰기 시작하여 생을 마감하는 84세(1829)까지 거의 하루도 빠짐없이 일기를 썼다. 매년 일기의 표지에 그해의 간지(예를 들어, "임오일기")를 제목으로 붙이고 책으로 묶었다.

청년기 노상추의 일기는 선산을 중심으로 가족의 출생과 사망, 향촌의 각종 모임, 농업경영에 대한 일을 기록하였다. 그가 35세에 무과에 급제한 1780년(정조 4) 이후 일기내용이 변해서 어가행차일정, 대궐행사, 상소내용 등 조정소식을 기록하였다. 삭주부사를 지낸 관리생활 시기에는 변방사정, 관리들의 행태, 환곡운영, 송사 등을 기록하였으며, 인편을 통해 전해지는 고향소식도 적고 있다. 60대 후반 퇴임 후 노년기 일기는 다시 고향으로 돌아와서, 자손과 종계(宗稧), 족계(族稧), 송계(松稧) 등 종가에 대한 생활을 기록하고 있다.

노상추 집안은 15세기에 김종직·김굉필의 문인이자 학자로서 명망이 높은 노종선(盧從善; 1430~?)이 처음 선산으로 이주하면서 시작된 것으로 보인다. 그 이후 그 후손들이 정착한 곳은 선산 고남평 들판이 펼쳐져 있는 문동(文洞)이었다. 6대조인 노경필(盧景佖) 이후 과거 합격자를 배출하지 못하다가 노상추의 조부 노계정(盧啓禎; 1695~1755)이 무과로 급제하였다. 노상추는 원래 문과공부를 하다가 무과로 진로를 바꾼 후, 지인들이 응시하는 과거시험 행렬을 따라 한양에 여러 차례 드나들었다. 노상추가 처음 과거를 치른 해는 26세인 1771년(영조 47) 2월이었다. 그 후 1780년 3월 무과급제하기까지 응시한 시험횟수는 총 일곱 번이었다. 이 중 한 번은 한양까지 갔으나 시험이 실시되지 않아서 실제로는 여섯 번이다.

노상추는 무과시험을 준비한지 10년 만에 35세의 나이에 급제하였지만 실제 무겸이라는 관직이 주어지는 것은 4년 뒤인 1784년(정조 8)이었다. 이때부터 그는 입사와 승진, 그리고 외직으로의 전출과 내직으로의 복귀 등을 반복하였으며 27년간 17차례 관직을 임명받았다. 그는 한 직책에 평균 1년 남짓 근무하였으며, 길어야 1년 반 정도 머물렀다. 노상추는 80세에 명예직인 동지(同知)로 임명되었으나, 실제 마지막 임명직은 1811년(순조 11) 66세 때 받은 가덕첨사이었다. 노상추의 중요 관직은 47세에 당상선전관으로 승진한 때와 55세에 홍주영장(洪州營將)에 임명될 때이다. 그 이전까지 그는 관운이 좋지 못하였으며, 영남지역 남인출신이라는 피해의식을 가지고 있었다. 하지만 1792년(정조 16) 47세 때 정조가 죽월공 노계정의 손자라는 것을 알고 노상추를 당상선전관으로 특별 승진시켜 주었다.

노상추 일기가 시작되는 해에 노상추 가족은 선산에서 외가가 있는 운곡으로 이사를 하였다. 운곡의 집은 외조부인 검간공(黔澗公)이 처음 지은 27칸짜리 기와집이었다. 검간공은 상주에 거주해온 풍양 조씨 조청(趙靖; 1555~1636)으로 임란 때 의병활동을 벌인 유학자이었다. 하지만, 노상추가 이곳에서 정착한 이후 4년 동안 집안의 변고가 끊이지 않았다. 노상추의 첫 번째 아내, 생모와 계모, 그리고 누이동생, 아들 등 가족들이 연이어 사망하였다. 가택이 불길하다는 점쟁이의 말을 듣고 경상도 도개(桃開)로 이사했으며, 이곳에서 노상추의 무과급제가 이루어졌다. 노상추 일기는 거의 대부분 도개(桃開)로 이사한 이후 일어난 일을 기록하고 있다.

노상추의 부친 노철은 사망하기 사흘 전에 식솔들을 불러 놓고 유언을 남겼다. 그의 유언은 조상에 대한 제사와 가족생활, 후손에 대한 내용과 부탁을 담고 있다. 재산분배의 유언에서 멀리 떨어진 금산과 개령에 있는 논을 조상을 위한 묘위답으로 정하여 그 수확물을 제사용으로만 쓸 것을 당부하였다. 노상추 자신에게 상속된 전답은 논 1석 9두락과 밭 90두락으로서 작은 규모는 아니었다. 하지만 노상추의 경제적 사정은 부친이 사망한지 2년 후의 일기를 통해 짐작할 수 있다.

> "또 아내를 맞이하였으니 마땅히 아내를 이끌고 재산을 경영해야 하는데, 가산(家計)은 텅 비었고 그렇다고 다른 일에 뜻을 둔 것도 아니니 금방이라도 파산할 것만 같다. 남은 곡식을 헤아려보니 조(租) 3석 외에는 다른 것이 없으니 참으로 한심할 따름이다." (1774년 12월 29일)[1]

가계는 어려워져서 세 번째의 아내를 맞이하였으나 궁핍하여 어쩔 수 없음을 한탄하고 있다. 이처럼 노상추의 가계가 어려워진 것은 그의 과거준비와 밀접하다. 노상추는 무과에

---

[1] 『노상추일기』 1774년 12월 29일. 책의 본문에서 노상추 일기의 인용부분은 날짜만 기록하기로 한다.

급제하기 위해 아버지로부터 상속받은 토지를 하나씩 팔아서 10년 만에 전답 8두락만 남았다. 노상추는 형님이 요절하면서 조카들과 젊은 나이에 청상이 된 형수를 보살폈으며, 집안의 실질적인 가장역할을 하였다. 노상추는 아내의 사별로 인해 세 차례 혼인을 하였으며, 익엽과 승엽 등 두 아들을 두었다. 호적에는 세 명, 일기에는 여섯 명의 아들이 등장하는데 아마도 나머지 아들 네 명은 일찍 사망한 것으로 보인다.

노상추가 관직생활을 시작한 이후에도 국가녹봉은 많지 않았다. 그가 관직에 진출한지 15년 정도 지난 55세 되던 해에 그의 경제사정은 자신의 일기를 통해서 짐작할 수 있다.

"나의 몸이 외람되게 과명을 받고 거기에 하늘의 보살핌을 덧붙여 선열을 포양하는 데에까지 나아갔다. 또한 3품의 직위에 올라 바로 변방(邊地)에 임명되고 안으로는 당상시종(堂上侍從)으로 오랫동안 청선(靑選)에 머물렀고, 그리고 내장으로 숙위하는 등 은혜를 입었다. 스스로 나의 그릇을 헤아려보니 감읍할 따름이니 지금이야말로 어찌 만족할 때가 아니겠는가. 평소의 내가 행한 바를 돌아보니 군부에게 큰 죄를 능히 면했을 뿐 아니라 선조의 죄인을 면했으니 비록 집에는 8두락의 박답(薄畓)이 있을 뿐이어서 자손이 굶주리나 이 역시 영광이라 할 수 있다. 다만 걱정되는 것은 2千金의 부채이니 스스로 웃고 탄식할 따름이다." (1800년 1월 3일)

1800년 새해에 그는 내직과 외직을 번갈아 가면서 조정을 위해 봉사한 것에 자족하고 있지만 재산은 8두락의 척박한 논밭뿐이고, 2천금의 부채가 있어 걱정이 된다고 하고 있다. 따라서 조선시대 다른 양반가와 마찬가지로 관직에 있던 노상추의 주요 수입원은 국가녹봉 보다는 농업이었으며 그의 일기는 농사일정과 수확량, 경작에 동원된 인원 등 농업 비용에 대해 많은 기록을 남기고 있다.

　노상추 일기에서 농사가 본격 시작되는 것은 매년 3월 중순경이었으며, 이때부터 촌전(村前)과 백현(白峴) 등지에 있는 금전(綿田)경작과 4월부터 고남평을 비롯한 각지의 논에 이앙을 하는 것으로 한 해 농사가 시작되었다. 논의 이앙은 망종 전후인 4월 중순부터 시작해서 6월까지 지속되었다. 5월부터 6월의 일기는 타맥(打麥) 등 보리의 파종과 수확에 대한 내용으로 채워졌는데, 이때가 보리수확이 한창이기 때문이다. 보리수확을 마친 6월에는 논에 김을 매는데, 김매기는 운답(耘畓), 조답(鋤畓) 혹은 벌초(刈草)로 표시되었다. 6월 초에는 삼베를 삼고 껍질을 벗기는 작업을 했는데, 집안 여성들이 작업을 주로 하였다. 7월부터 8월까지 일기는 주로 목화 생산에 대한 내용이 나온다. 노상추 일기에서 나타난 농업일정은 세종시기 편찬된 농사직설과도 유사하다.

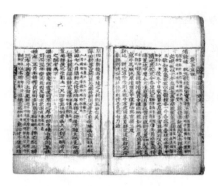

조선 세종시기 농사직설
세종 시기에 지은 농사직설은 조선시대 중요한 곡식들의 파종시기에 맞추어 작물별로 정리하여 집대성한 농업 안내서이다. 농사직설의 내용이 대부분 중요 곡식류에 국한되고 설명이 간단하지만, 조선 풍토에 맞는 농법으로 편찬된 책이다.

　노상추는 거주지에서 가까운 고남평 논 15두락과 촌전 논 9두락에서는 노비를 동원해서 이앙과 김매기, 타작 등을 직접 경작을 하였다. 근처에 있는 원당포(元堂浦)나 전포(前浦), 신기(新基)에 있는 밭도 노비를 통해 직접 경영하였다. 하지만 거주지에서 멀리 떨어진 경상도 김천의 개령, 금산, 판산에 있는 전답은 작인에게 병작을 주었으며, 이들 전답을 타작할 때에는 노상추가 직접 감독하였다. 금산의 논은 곽재방과 백상엽이라는 작인이, 개령의 논은 복성이라는 작인이 경작하였는데, 노상추가 직접 감독하는 것을 통해 볼 때 이들 전답은 병작제로 경영되었다는 것을 알 수 있다. 노상추는 병작지로서 개령과 금산 논의 지대를 2속 수확물에 1두식의 도지로 정했으며, 지대는 수확 이후에 거두는 집조(執租)방식으로 징수하였다. 집조 방식에 의한 지대는 작인들의 수확물에 따라 달라지기 때문에 노상추는 매월 추수기에 병작을 주었던 논밭에서 그 수확물을 확인하기 위해 감독하였다.

백현(白峴)과 군위(軍威) 조개동의 논도 도지(賭地)를 주고 있었는데, 이는 아래 일기를 통해 짐작할 수 있다.

"개령에서 아포서당촌(牙浦書堂村)으로 향하여 논을 살펴보고 인하여 판산리로 향했다. 시작(時作)의 집에서 잠시 쉬었다가 식후에 논의 작황을 두루 둘러보고 집에 돌아왔다. 어제 개령 추수를 마친 고로 지금 금산 군명리(君明里)로 향했는데 곽재방과 백상엽 두 사람이 타작하기 때문이다. 이런 까닭으로 백상엽의 집에 머물렀다. 타작하는 일을 보기 위해 나는 금산으로 가서 군명리(君明里)에 도착했다. 밤에 개령으로 갔는데 복성이 9두락의 조(租)를 타작하기 때문이다. 유복의 집에 머물렀다"(1770년 9월 12일).

도지의 경우 소작료의 징수를 농산물의 수확 이후 그 수확물에 대해 집조(執租)로 하였는지 아니면 미리 지대를 정하는 정액제(定賭地)로 하였는지 알 수 없지만, 백현과 조개동의 논 작황을 미리 보고 도지를 정한 것으로 보아 집조방식으로 지대를 징수한 것으로 보인다. 제사용으로 상속받은 개령과 금산의 별소답(別所畓)도 도지를 주고 있었다.

"별소답(別所畓) 30두락이 모두 정자(亭子) 아래에 있는 고로 추성(秋成)을 살펴보고 작인 김차득(作人 金次得)의 집에 머물렀다. 시작인(時作人)들에게 2속(束)에 1두식(斗式) 내도록 도지법을 정하도록 하였다. 시작배(時作輩)가 감히 다시는 말하지 못하도록 명령에 따라 거행토록 하였다. 군명리(君明里)에 머물렀다. 벼를 베는 것을 이미 마쳤다는 것을 듣고 개령의 예와 같이 도지(賭地)를 정했다"(1815년 9월 28일).

노상추는 논밭의 위치나 사정에 따라 가작(家作), 병작(幷作), 도지(賭地) 등 다양한 농업방식을 사용했지만, 노년기로 갈수록 도지제를 활용하였다.

노상추의 노년기 일기에서는 수입증대를 위해서 쌀과 보리 등 곡물뿐 아니라 면포와 잠상, 담배와 인삼 등 환금성과 이익이 좋은 상업 작물의 재배에도 관심을 기울였다.

"어제 울타리 밖 몇 승(數升)규모의 밭에 남초(南草) 종자를 파종하였다. 진주의 유생(柳生) 토가 인삼의 열매를 가지고 왔기에 200동(銅)을 지급하고 50개를 구입하였는데, 고향 집에 돌아가서 심을 계획이다."(1815년 2월 12일).

노년기 노상추는 경남 함안, 진주, 하동, 고성, 사천에서 인삼을 심어서 큰 수익을 얻고 있다는 다른 사람의 이야기를 듣고 몇 년 후 그 역시 인삼종자를 구해서 고향 집에 심을 계획을 하였다.

조선시대 밭갈이하는 작인과 양반. 김홍도
이 그림은 조선후기 농업생산에서 양반과 노비 또는 머슴의 역할을 전형적으로
보여주고 있다. 밭에서 소를 몰아서 밭을 갈고 있는 사람은 노비나 머슴으로 보
이며, 그림 오른쪽 나무 그늘아래에서 한담을 나누는 사람들은 양반 지주로 보
인다. 강아지가 일하고 있는 작인을 물끄러미 바라보는 모습이 애처롭다. 강아
지가 쳐다보고 있는 방향에서 강아지의 주인은 작인으로 보인다.

2. 양반가의 노비들

노상추 일기는 18~19세기 노비들의 생활을 자세하게 기록
해 놓았으며, 노비들의 행적 기록을 살펴보면 이 시기 노비들

이 양반 댁에서 무슨 일을 했으며, 어떤 지위이었는지를 확인해볼 수 있다. 노상추의 노비들은 주로 벼 농사일을 하였지만, 목화나 삼, 뽕 등 작물재배와 험한 땅의 개간, 보의 축조, 건축, 집안 각종 심부름과 서신 전달, 선조의 묘 관리 등에도 투입되어서 많은 일을 하였다. 먼저, 1822년 12월의 일기에 의하면 노상추의 노비 수가 7~8명이었으며, 이들은 주로 노상추의 농사에 동원되었다. 이들 노비의 이름은 명업(命業), 세원(世元), 태순(太順), 최삼(崔三), 태손(太孫), 태원(太元) 등이었다.

"이날 별업의 노비가 청운동 논 20여 두락을 매일 갈았다"(1816년 윤6월 24일).

노상추가와 가까운 거리에 있는 청운동 논의 경우 노비들에게 의해 직접 경작되었다. 노상추가는 일시적으로 많은 노동력이 필요한 모내기 작업에 농군(農軍)과 역군(役軍)을 동원하였다. 이들 농군과 역군의 성격은 명확하지 않지만 두레와 연관이 있을 것으로 생각된다.

"이날 승엽이 농군 36명을 구해서 재차 논을 갈았다. 별업(別業)에서 46두락의 논을 김매기 했는데 역군(役軍)이 37명이었다고 하였다"(1828년 6월 19일).

노상추는 논농사 외에도 추가적인 수입을 위해서 목화나 삼, 뽕 등 작물재배에도 많은 노력을 기울였다. 밭농사와 면포나 삼베, 비단 등의 직조에는 여비(女婢)의 노동력이 주로 활용되었다. 그것은 아래의 기사를 통해 짐작할 수 있다.

> "삼을 찌는 일로 밤을 지새웠다. 금년에 직조한 베(繭絲)는 3근(斤)인데 1근은 직조하고 2근은 판매해 13냥을 얻어서 놋그릇과 반상기를 구매했다. 부녀자의 솜씨(手工)가 가히 좋다." (1828년 7월 2일).

한편, 노상추가의 노(奴)들은 농업 노동뿐 아니라 험한 땅을 개간하거나 보나 제언의 축조 등에도 많은 일을 하였다.

> "이 날 서너 명의 노를 이끌고 둔곡에 가서 돌을 뚫어 작답(作畓)하고 돌아왔다. 고남 논을 이앙해야 하는데 논물이 거의 말랐기 때문에 노로 하여금 구덩이를 파게 한즉 물이 솟아나서 위급함을 벗어날 수 있었다고 한다. 세원과 학득에게 집 앞의 개천 둑(川隄)을 축조하도록 시켰다. 별장 아래 천변(川邊)의 석축을 바로잡고 제방을 막도록 했다. 15일 간의 비로 인해 거의 제방이 범람했기 때문이다." (1814년 6월 18일).

노상추의 일기 곳곳에 노(奴)를 동원하여 농사를 짓거나 수

로개선사업을 한 기록이 보인다. 그리고 보(洑)를 굴착하거나 제언을 수축하는 공사 등과 관련된 기사도 자주 보이는데, 이 시기 잦은 한재(旱災)와 이앙법의 적용과 관련이 있는 듯하다.

노상추가의 노비들은 농사 이외에 제사, 묘소관리 및 토목, 건축 뿐 아니라 부엌일, 심부름 등 각종 사역에도 사용되었다. 조선시대 양반의 생활 가운데 가장 중요한 일로서 '봉제사 접빈객(奉祭祀 接賓客)'을 들 수 있다. 즉, 제사를 지내고 선산을 관리하는 등 조상을 받드는 일이 중요한 일상이었다. 노상추의 노비들도 선산을 관리하고 수시로 벌초하며 제사를 지내는 것까지 조상을 받드는 일에 수시로 동원되었다.

"이날 해 질 무렵에 옥양동에 가서 고조부 승지공의 묘를 살펴보았다. 강나루를 건너 가좌산의 6대조 할머니 문소 김씨묘와 팔국(八局) 안의 선대 여러 할머니의 묘, 그리고 10대 이하 여러 조상묘를 살펴보았다. 먼저 사당을 찾아 절하고 재실에 묵었다. 월돌과 점삼을 거느리고 선영의 잡목 뿌리를 모두 파냈다. 내가 몸소 감시하였는데 잡목 뿌리가 무성하였다. 이 날 법화산의 산직노 명업이 그의 집 왼쪽에 그의 처를 매장하였다. 백연산의 산직 남손이 와서 도개·월동·신곡·신평 등의 부민(富民)들이 무뢰배들과 연계하여 백연산 국내(局內)에 난입하여 소나무 껍질을 함부로 벗겨갔다고 했다." (1814년 4월 26일).

노상추의 선대 묘소로서 고조부의 묘는 옥양동, 증조모의 묘는 법화동, 아버지의 묘는 수월산에 흩어져 있었다. 노상추는 월돌과 절삼, 두 노비를 거느리고 가서 선대 묘소의 벌초와 잡목을 제거하였으며, 명업, 남손, 세귀, 정용, 금남 등 노비를 묘지기로서 관리하도록 하였다.

　특히, 노상추는 관직을 은퇴하고 고향으로 돌아온 후 집안 어른으로서 가계경영에 큰 힘을 쏟았다. 조상에 대한 사업과 종가집(宗家)의 건축과 기반을 다지는 일을 했는데, 건축에서도 노비를 사용했었다. 그는 종가인 백운별업의 건축을 시작하였고, 묘우를 정비하고 외사랑(外舍廊)에 있던 신주를 새 가묘로 이안하고 제사를 지냈다. 노상추의 건축 시기는 농번기를 피하기 위해 주로 1월에 시작해 3월까지 마무리하였다. 노상추는 장남에게 조부 죽월공에 대한 사업으로 죽월헌 재건, 죽월공 묘갈 건립, 족계 발족과 종가 보존을 당부하고 있다. 1802년 1월 종가의 건축이 시작되었으며, 보름 만에 정침(正寢) 3칸에 기둥을 세우고 상량했다. 4월에 23년 만에 집 없이 지낸 종가의 새 집을 건축하여 입주하였다. 종가건축에는 노상추의 노비 뿐 아니라 도개와 백운동 등 여러 곳의 군인(軍丁)이 동원되었다. 1814년 정월 백운별업(白雲別業)의 신축과 1822년 죽월헌(竹月軒)을 수리할 때에도 노비와 수십 명 군인이 동원되었다. 별업의 신축과 중건에 노비 외에 군인들을 동원한 것은 노상추가 고위관직을 역임했기 때문이다.

한편, 노상추가의 노비들은 주인을 대신해 물품매매와 관련된 심부름도 담당하였다.

"만선이 어물을 사서 지고 왔는데, 이는 즉 내일 별묘의 제수이다. 단구역에서 말을 메어 두고 요기를 하였다. 이 날은 이곳에서 시장이 열리는 고로 집에서 부리는 삼재, 점발, 만의 등으로 하여금 보리를 가져 와서 모두 팔게 하였다. 그런데 가격은 선산의 시장보다 더함이 없었다. 새벽에 노최삼이 소를 끌고 가 안계 시장에서 팔아서 16냥을 받았다고 했다. 노비 세원에게 이동 장씨의 풍천 기와집 5칸의 기격인 47냥을 지고 가져다주게 했다"(1802년 12월 2일).

노비 만선을 시켜 제수용으로 사용하기 위해 장시(場市)에서 어물을 구입해 오고, 노비 삼재, 점발, 만의, 최삼을 시켜서 단구역(丹丘站)과 안계(安溪) 장시에 가서 보리와 소를 팔게 하였다. 또한 노 세원을 시켜 장씨에게 매입한 풍천 기와집 5칸의 대금 47냥을 주게 하고 있다.

노상추의 노비는 농사나 사역 뿐 아니라 유모 노릇이나 상전 수행, 서신 전달 등 주인집의 생활에서 조력자로서 역할을 했다. 노상추의 비(婢) 분진(分眞)은 노상추의 증조부와 조부·아버지까지 3대를 상전으로 섬겼을 뿐 아니라 죽은 노상추 형님의 유모로서 그를 장성할 때까지 키웠다. 이후 맏형의 장남인

정엽의 집에 있다가 78세에 돌림병으로 사망할 때까지 상전을 5대째 모셨다. 노상추 일기에서 분진의 죽음에 대해 가족과 같이 슬픈 감정을 표현하고 있는 것을 볼 때 그녀는 노상추 가족의 동반자이었다. 분진 외에도 비(婢) 목지(目之)가 노상추 아들의 유모역할을 했었다.

조선 19세기 양반가에서 타작하는 사람들. 김홍도
이 그림은 19세기 조선시대 양반 지주가의 수확기 모습을 보여주고 있다. 그림의 중앙 위에 문구류와 서적이 갖추어진 공부방이 보이고, 그 왼쪽에 주인으로 보이는 유학 모와 두루마기를 갖추어 입은 양반지주와 아들이 보인다. 그림 중앙 가운데 작인들은 지붕에서 기와를 잇고, 짚을 메고 있고, 그림 밑 마당에서 타작을 하고, 타작된 벼를 다시 도정하고 있다.

노상추의 노비는 상전이 외출할 때 동행하거나 심부름에 동원되고 경향 각지로 편지를 전달하는 인편으로서 역할도 했다. 노상추는 1765년(영조 41) 9월 3일 추수가 시작될 때 노비 삼재(三才)를 개령과 금산의 논에 미리 보내어 현지 상황을 살펴보고 오도록 지시하였다. 노비 삼재로부터 이삼일 후에 행차하는 것이 좋겠다는 보고를 받고 그는 9월 10일 무렵, 개령, 금산의 농막(農幕)을 방문하였다. 1768년 노상추는 추수가 시작되는 9월 23일에 노비 삼재가 개령에서 돌아와 그곳 볏단은 이미 베었고 타작은 하지 않았다는 보고를 받고는 다음 날 개령과 금산으로 출발했다.

노상추의 관직진출 이후에도 노비들이 그를 수행했는데, 그 중 노비 세원(世元)이 주요 동반자 역할을 했다. 노상추는 42세에 변방인 갑산진에 부임한 이후 노비 세원을 그곳으로 불러서 편지 전달과 행차수행 등 각종 심부름을 시켰다. 다시 훈련주부로 한양으로 돌아와서 노비 세원은 고향으로 편지를 전달하고 다시 고향소식을 가지고 돌아오는 역할을 하였다. 세원은 상전 가족들이 한양으로 오거나 다시 고향으로 가는 행차를 도맡고 있었다. 고향에서 한양으로 올라오는 노상추의 아들 익엽을 수행하는가 하면, 다음날에는 노상추의 동생 영중이 사평으로부터 한양으로 들어오는 것을 수행하였다. 이처럼 세원은 외로운 객지 생활의 벗이자 심부름꾼이며 통신수단으로서 역할을 수행하였다. 노비 세원이외에 이러한 역할을

한 것은 노비 덕돌(德乭), 태순(太順), 귀광(貴光), 금돌(金乭), 복만
(卜萬), 명돌(命乭) 등이 있었다.

3. 노비가 도망가다

노상추 일기에 노비수가 가장 많았던 시기는 1774~1780년
이고, 가장 적은 시기는 1792~1810년이었다. 노비가 적은 경
우는 노상추가 통정대부직에서 해임된 이후 한양으로 돌아와
서 새로운 직임을 받기 위해 노력하던 시기이었거나, 중요한
보직인 충청도 홍주영장으로 임명되던 시기여서 노비에 대해
서 신경을 쓰지 못했기 때문으로 보인다. 19세기 노년기 노상
추의 노비숫자가 줄어든 가장 큰 이유는 노비의 도망, 속량과
방매 등이었다. 하지만, 노상추가 중앙관직을 역임하여 노비
관리가 상대적으로 용이했기 때문에 다른 양반가에 비해 노비
가 도망가거나, 줄어드는 속도가 완만하였다.

조선후기 사회·경제적 변화와 함께 노비들은 스스로 생산
을 통한 부의 축적과 신분상승의 노력(노비 속량)을 꾸준히 하
였다. 노비들은 신분 상승 노력과 더불어 저항도 지속적이었
다. 노비의 가장 온건하고 지속적인 저항으로 태업과 도망이
있었다. 노상추 일기에서도 18~19세기 노비를 속량하거나,
노비가 태업 또는 도망가는 사례를 자주 볼 수 있다.

먼저, 노상추 일기에서 노비가 경제적으로 성장하여 양민

이 되는 노비의 속량(贖良)사례를 볼 수 있다.

> "점술에 따라 병자를 속량노 덕수의 집으로 옮겨 임시로
> 머물게 했다." (1780년 1월 7일).

> "이전에 평성의 친척 아저씨가 일례의 소생을 방매하려고
> 하는 고로 아버지께서 40냥으로 약속하였지만 아직 문기를
> 작성하지는 않았다. 지금 들으니 일례와 험금이 70냥을 마
> 련하여 면천하고자 한다고 하니 이 이야기는 어찌 한심하지
> 않은가. 이미 40냥으로 약속했는데 어찌 능히 70냥으로 면
> 천한다는 이야기를 전파할 수 있는가. 부득이 50냥을 주기
> 로 하고 문기를 작성하였다." (1768년 1월 19일).

노상추가에서 질병으로 인해 점쟁이의 말을 듣고 속량한
노비 덕수의 집으로 잠시 옮겨 기거하게 되었다. 노비 덕수는
이전에 노상추의 노비로서 속량되었을 것으로 생각된다. 또
한, 노상추의 부친이 친척집 노비인 일례의 자식을 40냥을 주
고 구입하기로 약속했는데, 이후에 그 부모인 일례와 험금(驗
金)이 70냥을 주인에게 바치고 그 자식을 면천시켰다는 소식
을 듣고 괘씸하게 생각한다는 내용이다. 노상추의 친척집 노
비였던 일례 부부는 그 자식의 속량을 위해 주인에게 70냥을
바칠 정도로 경제력을 갖추었다. 이처럼 노비의 경제적 성장
은 노비의 자의식을 높이는 계기가 되었다.

노상추 일기는 노비의 저항에 대해서도 자주 서술하고 있다. 상전과 노비들은 생활 동반자로서 함께 생활했지만, 주인과 노비의 관계는 엄격하게 존재하였기 때문에 갈등이 많이 있었다. 노상추는 중앙고위직을 역임하였지만, 노비의 태업으로 인한 갈등을 겪고 있었다.

> "노와 말을 문경에 보내어 개령에 거주하는 덕지의 아들 태순을 잡아오게 했는데, 나이가 겨우 12세이다. 노 태순이 몰래 개령에 갔다. 개령에 사는 노 용악이 그 동생 태순을 데리고 아침 일찍 와서 고했다. 태순이 어제 또 몰래 나갔다. 이 노의 간교함은 사역을 시킬 수 없을 지경이다."(1778년 12월 23일).

노 태순은 어릴 때부터 여러 차례 무단으로 태업을 함으로써 주인과 갈등을 일으키고 있었다. 태순은 12세 때 이미 주인의 허락 없이 무단으로 개령(現 김천)을 왕래했는데, 그 이유는 그의 부모와 형제가 개령에 거주하고 있었기 때문으로 생각된다. 노 태순의 부모와 형제는 노상추가의 외거노비였던 것이다. 1778년 11월 30일에도 태순은 몰래 개령으로 갔다가 15일 후에 그곳에 거주하던 형 용악의 손에 이끌려 다시 돌아왔지만 열흘 만에 다시 몰래 개령으로 갔다. 이러한 노 태순의 태업에 대해 노상추는 '이 노(奴)의 간교함은 사역을 시킬 수 없을 지경'이라고 한탄하고 있다.

"이날 태득이 도주했는데 생각건대 필시 그 아버지의 집에 갔을 것이다. 지금 나이가 21세로서 사역을 필히 싫어하고 이를 질책해도 듣지 않으니 위인이 가히 죽일만한 자이다. 어린노 강성이 감기를 나은 후에 그 어미 낙죽이 또 4일째 아프다고 하니 염려된다. 그런데 대저 앞 달에 암회가 크게 아프면서 거짓으로 감기라고 했는데 그 뒤에 연이어 아픈즉 암회는 다른 병이 없으니 가히 죽이고 싶을 정도이다. 돌이가 만의와 서로 다투고는 나가서 돌아오지 않으니 가히 괴이하다."(1770년 9월 6일).

노 태득이 주인허락 없이 무단으로 도주하였는데, 노상추는 그가 자기 아버지의 집으로 갔다고 생각하였다. 노상추는 태득의 나이가 21세로서 한참 부리기에 좋은 나이인데, 자주 꾀를 부려서 여러 차례 꾸중을 하였으나 이번에도 도주하여 화가 나서 죽이고 싶을 정도라고 표현하고 있다. 노상추는 관개, 이앙 등 농사일로 분주한 농번기에 암회, 강성, 낙죽 등 노비들이 질병으로 번갈아 들어 눕자 이들이 꾀병을 부려 태업한다고 생각하였다. 또한, 노 돌이가 만의와 다투고 마음대로 나간 후에 돌아오지 않자 괴이하다고 한탄하고 있다. 이처럼 노상추는 노비들이 여러 이유로 태업을 하고 있다고 생각하였고, 이러한 노비를 통제하려 하지만 잘되지 않자 분개하고 있다.

조선시대 타작하는 작인과 감시하는 양반. 김홍도
이 그림은 조선후기 농업에서 양반과 작인의 역할을 잘 보여주고
있다. 밭에서 벼를 베어서 가져오면, 한편에서는 이것을 타작하고,
다른 한쪽에서는 마당에 흘린 벼를 줍고 있는 작인들의 모습이 보
인다. 그림 오른쪽 상단에 큰 갓을 쓰고 긴 담뱃대를 물고 있는
양반지주는 신발을 벗고 돗자리에 올라서 기대어 누어서 작인들의
노동을 감시하고 있다. 양반이 누워있는 돗자리 옆에 물병과 잔으
로 보이는 도자기가 있어서 작업을 감시하는 양반이 오랜 시간동
안 이곳에 머물고 있다는 암시를 준다.

노상추의 노비들은 태업뿐 아니라 적극적으로 도망을 가는
경우가 많았다. 노상추는 도망노비들을 붙잡았을 때 죽을 만
큼 매를 때려 응징했다.

"손돌과 목지가 서로 다투고는 도주했는데 이들의 죄는
용서할 수 없는 죄이다. 어제 다시 손돌이 도망했는데, 가히
죽이고 싶다. 도망했던 노비 돌이를 잡아 왔다. 다음날 불러
서 보고 타이르고 보냈다." (1778년 3월 29일).

노비 손돌은 여러 차례 도망을 갔다가 스스로 돌아오거나
혹은 붙잡혀 돌아왔다. 이러한 손돌의 행위에 대해 노상추는
죽이고 싶다고 표현하고 있다.

"점발이 도망갔다. 그의 죄는 죽음으로도 용서할 수 없을
것이다. 손돌과 점발 두 노비가 함께 도망하니 가히 애통하
다." (1768년 2월 9일).

노비 점발은 1년 동안 2번이나 도망하였는데, 이러한 점발
에 대해 노상추는 '그의 죄는 죽음으로도 용서할 수 없을 것'
이라고 표현하고 있다. 한편, 노상추가 노비의 도망이 빈번이
일어나는 가운데 도망노비 점발에 대해 심한 징벌을 가하는
내용을 확인할 수 있다.

"점발이 도망했는데, 그의 죄는 죽어도 용서 못할 것이
다. 손돌이 돌아왔는데, 이놈의 행위는 가히 죽이고 싶다.
내가 노로 하여금 점발을 포박해 오도록 해서 죽을 정도로
매를 치고 그의 죄를 알도록 했다. 아버지께서 내려오셨는

데 노 치종이 잠입할 때 뜻하지 않게 그를 만나 잡아와서
매를 60대 때렸다." (1767년 2월 24일).

도망노비 점발에 대해 노상추는 자신의 심정을 드러내면서
'그의 죄는 죽음을 면치 못할 것', 또한 손돌에 대해 '이놈의
행위는 가히 죽이고 싶다'라고 할 정도로 극한 표현을 썼다.
이러한 노상추의 극한 표현에 걸맞게 붙잡혀온 점발에 대해
자신의 죄를 알게 한다면서 '죽을 만큼 매'를 쳤다. 그리고 노
상추의 부친은 도망노비 치종을 붙잡아 볼기 60대나 때렸다.
노상추가에서 도망간 노비들이 자발적으로 돌아오는 경우
도 있었지만 주인의 노비추쇄나 추심(推尋)에 의해 어쩔 수 없
이 붙잡혀오는 경우도 많았다.

"점발이 비산의 딸집에 가서 있었는데 김상화가 쇠사슬로
포박하여 서면의 숙부 노수 집에 통지하고 보내주자 점발을
가두었다. 노 최삼이 와서 백련 승려와 함께 가서 도망비
국점을 추심하여 오도록 시켰다. 함안의 선전관 이유경이
추노를 위한 행차로 저녁 무렵에 마을로 들어왔다. 이석배
가 江左로 향했는데 도망노비를 쫓기 위한 행차였다. 노 1구
와 비 3구가 함께 도망하였다고 한다." (1822년 4월 7일).

노비 점발은 1767년(영조 43) 2월 14일 도망하였는데, 그를
잡아온 것은 6개월 후인 동년 8월 7일이었다. 점발은 비산(飛

山)의 딸집에 숨어 있었는데 노상추의 지인인 김상화가 그를 포박해 노상추 숙부인 노수의 집으로 보내주고 있다. 비 국점이 도망하자 노상추는 노 최삼과 백련 승려를 시켜 국점을 쫓아서 추심하고 있다. 국점은 1824년 9월 22일 도망하였다가 일주일 후에 결국 붙잡혀 오게 된다. 이를 통해 친척과 지인들이 모두 도망한 노비를 찾는 데 동원되고 있었다. 노상추가는 아니지만, 다른 집안의 추노(推奴)에 대한 사정을 일기에 기록하면서 선전관 이유경과 이석배가 도망노비들을 추심하기 위해 동분서주하고 있음을 볼 수 있다. 당시 노비들의 도망이 빈번히 발생하였고, 양반들의 추노가 전국적으로 진행되었다.

제2장 아무도 노비를 원하지 않았다

19세기 들어서 노상추의 노비들은 도망한지 짧게는 며칠이나 몇 개월 혹은 길게는 몇 년 만에 스스로 돌아오는 경우도 있었다. 도망노비들 가운데 자발적으로 돌아오는 경우는 먹고 살기 힘들 정도로 생활이 궁핍하기 때문인 것으로 보인다.

"이날 양역노 최삼이 그 어미와 처자녀를 버리고 공연히
나갔다고 하니, 가히 애통하다. …
노 최삼이 도망갔다가 다시 돌아온 고로 사역을 시켰다.
일전에 도망간 노비 일삼이 돌아왔다. 25세의 얼굴과 몸이
늙고 수척해져서 이전의 면목을 알아 볼 수 없을 지경이니
가히 애통하다. 도망노비 태원이 돌아왔는데, 그것은 역시
궁핍으로 인한 때문이다. 금년의 생계는 아침, 저녁의 음식
조차 어려울 지경이어서 노비가 도망해도 먹는 것 역시 주
인집보다 좋을 수 없으니 되돌아오지 않고 어찌 하겠는가."
(1815년 7월 11일).

도망노 최삼은 1802년 5월 13일에 도망하였다가 이듬해 1월 20일에 스스로 돌아왔다. 도망노 일삼(日三)은 스스로 돌아왔는데 형색이 늙고 야위어서 이전 모습을 알 수가 없을 지경이라고 하고 있다. 또한 도망노 태원(太原)도 스스로 돌아왔는데, 노상추는 그 이유에 대해 생활이 궁핍하여 주인에 의지하는 것이 좋기 때문에 돌아오지 않을 수 없었을 것이라고 평가하고 있다.

19세기에 들어서 노상추 일기에서 한번 이상 도망한 노비는 손돌, 치종(致宗), 점발(占發), 일삼(日三), 용악(用岳), 최삼(崔三), 복만(卜萬), 태순(太順), 태득(太得), 태원(太原), 용복(用卜), 만석(萬石), 비 손단(孫丹), 국점(局占) 등 노 12명, 비 2명으로 나타나고 있다. 특히 이 가운데 노비 손돌과 점발은 여러 차례 도망을 갔다가 스스로 돌아오거나 혹은 붙잡혀 돌아왔다. 이러한 손돌과 점발의 도망에 대해 노상추는 '가히 죽이고, 죽이고 싶다'('罪不容死者', '可殺', '可殺可殺')고 하였다. 하지만, 도망노비에 대한 강한 징벌에도 불구하고 노상추의 노년기에 해당하는 19세기에 노비의 도망이 늘어났으며, 노상추 일기에서도 도망노비에 대한 심정을 '가히 애통하다'('可痛')라고 약하게 표현하고 있다. 19세기 도망노비에 대한 응징은 점차 약화되었으며, 주인과 노비의 관계도 점차 변화하고 있었다.

19세기에 들어서 노비의 태업이나 도망, 정변 참가 등 노비의 저항이 일상화되었으며, 신분에 대한 태도도 바뀌고 있었다. 양반지주들도 경제적 효율성 측면에서 노비의 도망이 자주 나타나면서, 노비를 부리기 힘들었으며 노비를 감시하는 비용도 증가하였다. 하지만, 노비의 생산성은 오히려 하락했으며, 양반 지주들은 농업에서 더 이상 노비를 사용하지 않았다.

1. 노비는 누구인가?

노상추 일기에서 나타난 노비의 성격과 모습을 더 자세하게 그려보고자 했으나, 정확한 기록이 없어서 파악하기 힘들다. 하지만, 조선 후기인 18~19세기 노비의 성격과 모습을 파악하기 위해서 국내·국외의 대학이나 연구 기관에 소장된 노비매매문기(文記)와 양반가문에 소장된 노비매매 문기를 수집하여 살펴보았다. 이들 자료에서 1689~1894년 동안 노비매매의 연도와 가격을 정확히 알 수 있는 자료만 대상으로 하여 총 285건의 노비매매 문기를 발췌하였다. 발췌된 노비매매 문기에서 나타난 매매노비의 숫자는 모두 634명이었다. 노비매매자료는 여러 지역의 자료를 정리했기 때문에 일관적이지 못하지만 노비매매에 대한 기록을 체계적으로 정리하고 있다는 점에서 의미가 크다. 노비매매자료는 매매된 노비의 거래일자, 성별과 매매숫자, 나이 등과 노비 1구당 가격과 총 합계금액, 노비매매에 대한 출처, 그리고 부부 자신이나 자녀를 스스로 노비로 판 경우(自賣)라고 표시하였다. 조선 후기 285건의 노비매매자료에서 634명의 매매노비를 성별로 정리하였는데, 노(奴)가 255명(40%), 비(婢)가 379명(60%)이었다. <그림 1>은 1689~1894년 동안 조선에서 매매된 노비숫자를 시기별로 나타내고 있다.

〈그림 1〉 18~19세기 노비의 매매숫자

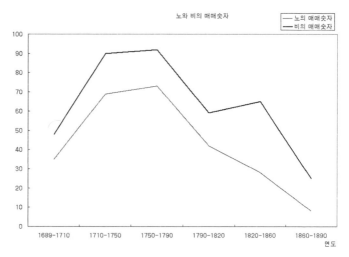

노와 비의 매매숫자

— 노의 매매숫자
— 비의 매매숫자

*자료 출처: 저자 작성 – 노비매매문기 참조

그림에서 노비의 매매건수는 18세기 후반까지 증가하였지만 그 이후 급격하게 줄고 있다. 이는 노비의 자의식성장으로 도망이 급증하면서 노비의 사용이 줄어든 것과 관련이 있다.

노비매매는 18세기 후반이후 급격히 증가하였지만 19세기 초반부터 감소하였다. 이는 19세기 노비의 도망이 급증하면서 양반 지주가의 노비에 대한 사용이 크게 줄어든 것과 관련이 깊다. 한편, 조선 전기에는 노비매매자료가 충분하지도 않지만 실제 매매가 많이 이루어지지 않았다. 동일한 노비매매자료를 사용하여 조선전기인 1423~1689년까지 노비매매숫자를 분석해 보면, 약 270년 동안 전국적으로 50건에 그치고 있다. 이는 조선전기의 노비는 지배층의 사회적 신분을 유지해주는 수단으로서 노비매매 자체가 신분제사회에서 천한 상행위로 치부되었다. 이러한 사회 분위기 속에서 노비매매는 거의 없었으며, 매매사유는 흉년, 부채 등 생계와 관련된 긴급한 경우이었다. 하지만 18세기 후반부터 노비매매숫자가 증가하였는데, 이때부터 노비는 양반층의 지위를 유지하는 수단이 아니라, 경제적 효율성에 따라서 노비를 사용해서 얻는 편익과 비용에 따라 매매가 가능한 개체로 바뀌었다. 노비를 보유하는 비용이 그 생산편익보다 크다면 노비를 방매하였다.

노비매매자료는 노비의 성별, 연령별 구분을 보여주고 있다. 흥미로운 점은, 매매노비 중에서 노(奴)보다 비(婢)의 매매 건수가 20% 정도 더 많았다. 특히 19세기 여비의 매매숫자가 70% 이상으로 급격히 늘어났다. 이는 여비의 경우 가사노동이나 양잠·면직·길쌈 등 겸업으로 효용가치가 크기 때문으로 보인다. 노비매매 자료에서 노(奴)의 나이는 전체 거래에서 농업생산에 적합한 청장년 나이인 16~50세의 경우는 42%(84건)이었으며, 농업생산이 어려운 15세 이하와 51세 이상의 경우는 58%(114건)이었다. 비(婢)의 나이는 16~50세에 해당하는 경우는 52%(158건)이었으며, 15세 이하와 51세 이상의 경우는 48%(145건)이었다. 특징적인 점은 매매된 남노의 나이가 16~50세의 청장년 보다는 15세 이하 또는 50세 이상이 더 많다는 사실이다. 반대로 여비의 경우 노동력을 목적으로 하는 나이인 16~50세에 해당하는 경우가 더욱 많았다. 이는 여비가 가사노동이나 방직 등 여성의 특수한 작업노동을 목적으로 매매되었을 것으로 생각된다.

19세기에 매매된 노비의 나이는 점차 어려졌다. 1710년에 남노의 평균나이는 21세, 여비는 22세이었으나, 110년 뒤인 1820년에는 남노는 13세, 비는 17세이었으며, 19세기 말 비의 나이는 13세로 더욱 낮아졌다. 19세기 노비의 나이가 15세 이하로 낮아지면서 노비가 농업노동을 했다고 보기 힘들다. 대신 생계가 어려운 빈농과 유민들이 생계유지를 목적으로 가사노동력으로서 노비를 매매한 것으로 보인다.

조선 초 제정된 『경국대전(經國大典)』(형전(刑典) 사천조(私賤條))에서 노비의 가격이 법률로 정해져 있었으며, 노비 16세~50세 1구(口)는 저화 4천장, 15세 이하와 50세 이상 노비는 저화 3천장이었다. 하지만, 조선 후기에 실제 매매된 노비의 가격은 성별, 나이, 용도, 노동력과 출산능력에 따라 많은 차이를 보인다. 시기별로 매매노비의 가격은 1689~1894년 노비 1구당 평균 16냥이었으며, 최저가는 1757년 2.9냥, 최고가는 1876년 비 150냥이었다. 1876년 매매된 비의 나이가 10대~20대 사이

였음을 통해서 그 성격을 짐작해 볼 수 있다. <그림 2>는 노
비매매자료에서 남자 노의 가격은 거의 변화가 없었으나, 여
비의 가격은 지속적으로 상승하였다.

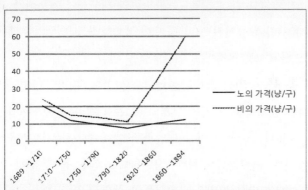

〈그림 2〉 18–19세기 매매된 노(奴)와 비(婢)의 가격 (단위: 냥)

* 자료출처: 저자 작성 – 노비매매문기 참조
그림에서 남자와 여자의 노비가격은 17세기에 큰 차이가 없었는데, 그 이후
여비의 가격이 남노를 추월하여 1820년에는 3~5배 높았다. 이는 여비에 대
한 사회적 수요가 많아졌다는 것을 의미한다.

　남노와 여비의 가격은 17세기~18세기 초반에는 큰 차이가
없다가 18세기 중반 이후 여비의 가격이 남노를 추월하여
1820년 이후 3~5배로 훨씬 높았다. 이는 19세기에 남노보다
는 여비에 대한 사회적 수요가 더욱 많아졌다는 것을 의미한
다. 이 같이 19세기에 남노와 여비의 차별적 수요를 밝히는
것은 노비의 사회적 특성변화를 살펴보는 중요한 단서이다.
조선후기 노비매매에서 여비의 거래가 남노에 비해 훨씬 증가

하고 매매가격도 여비가 크게 증가하는 이유는 무엇일까? 그
것에 대해서는 몇 가지 가능성을 생각할 수 있다. 첫째, 1731
년(영조 7) 노비제가 종천제에서 종양제로 전환되면서 노비주
의 입장에서는 남노는 양민과 교혼을 통해 노비 재생산이 안
되었지만, 여비는 출산을 통해 노비의 재생산이 가능했다. 둘
째, 19세기에 들어서 노비 나이가 연소화 되고 있었다는 사실
은 노비매매의 목적이 농업노동력을 위한 것 보다는 가내 사
역노동 등을 위한 것으로 변화되고 있었다. 이러한 상황에서
여비가 남노에 비해 가내 사역노동으로 더욱 유용하다는 점을
들 수 있다. 셋째, 노비의 태업과 도망이 증가하는 가운데 남
노에 비해 여비의 감시가 더 용이하다는 점을 들 수 있다. 넷
째, 노상추 일기에서도 나타나듯이 농업에 있어 양잠, 면직
등 겸업노동이나 밭농사가 확대되고 있었으며, 여기에서 남노
에 비해 여비가 방직이나 다른 부업노동에 더욱 유용할 뿐만
아니라 밭일에 투입될 수 있는 등 노동생산성을 높일 수 있었
기 때문이었다.

　　1820년 경상도 경주의 쌀 1석 가격은 6~7냥이었으며, 매년
3% 이상 상승하였다. 하지만, 같은 시기 노비가격은 1구당 16
냥이었으며 그 이후 거의 변동이 없었거나, 오히려 하락하였
다. 따라서 물가 대비 노비의 실질가치는 하락하였으며, 노비
의 가치하락은 국가의 노비에 대한 우호적인 정책과 노비의
자의식 성장으로 인해 노비의 태업과 도망이 증가했기 때문이

다. 이와 함께 농업 이앙법의 확산으로 지주는 도망가는 노비보다는 농번기에 집중적이고 일시적으로 일고와 계고 등 단기머슴을 고용하는 것이 효율적이었다. 양반지주들은 아무도 노비를 더 이상 수요하지 않았으며, 노비제는 해체되기 시작했다.

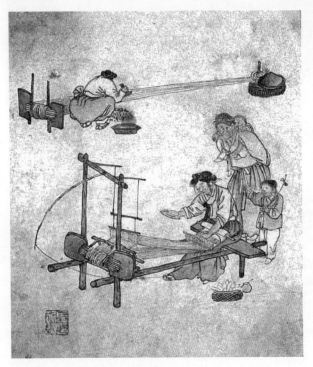

18세기 말 조선시대 여성의 길쌈매기(김홍도 그림)
이 그림의 한쪽에서 길쌈을 메고, 다른 한쪽에서 실을 뽑고 있는 노동하는 여성들의 모습을 보여주고 있다. 18–19세기 조선시대 여성은 농사일과 더불어 직조와 길쌈 등에서 남성보다 훨씬 강도가 높은 노동을 하였다. 이 시기 여성노비의 가격이 남노의 가격보다 높아서 여성 생산성이 남성보다 높다는 것을 추정할 수 있다.

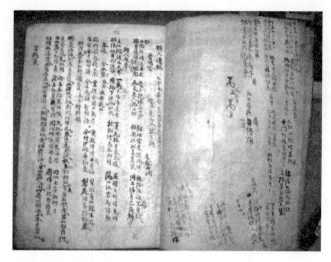

조선후기 노비가 지은 한시집
조선후기 신분제가 흔들리고 노비의 자의식이 성장하면서 많은 사회적 변화
가 나타나기 시작했다.
이 그림은 노비가 한문을 배워서 직접 글을 짓고 시를 써서 저작행위를 한
노비의 한시집을 보여준다.

2. 노비의 자의식 성장

노비의 기원은 주로 국가권력에 의해 형성되었다. 서로 다
른 종족과 집단 간 또는 국가 간 전쟁과 정복으로 전쟁포로,
이민족 복속인 등이 노비가 되었다. 나중에 범죄인이나 채무
관계로 인해 사적으로도 노비의 예속관계가 발생하기도 하였
다. 그러나 주로 노비는 국가권력에 속한 관노비가 일반적이
며, 기본적으로 국가권력과 노비의 관계에서 노비신분이 규정

되었다. 하지만, 점차 국가권력이 노비를 공신들에게 하사하거나 양도 또는 방매(放賣)함으로서 사노비로 전환되었고 소유권의 매매가 가능하게 되었다. 이렇게 노비 신분이 공적관계에서 사적관계로 발전되면서 국가권력과의 예속관계가 약화되고, 노비주인과 노비 간 사적인 신분 예속관계가 성립하였다. 이는 국가의 지배구조가 변화하는 방향과 일치하였다. 우리나라 노비는 처음부터 다른 종족과 집단 간 정복으로 나타난 것이 아니라, 동일한 문화를 가진 사회에서 내부갈등으로 발생하였다. 따라서 노비와 양민이 지배구조의 상, 하에 따라 문화, 윤리, 지위가 서로 다르지 않았다. 하지만, 서구의 노예(slave), 인도의 수드라 노예는 지배계급과 양민과는 전혀 다른 문화를 가지고 있다.

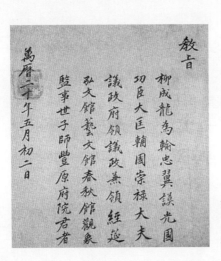

16세기 조선시대 선조가 임진왜란의 업적을 치하하기 위해서 경북 안동 유성룡가문에게 내린 노비하사 문기

조선시대 장성 필암 서원에서 일을 하던 국가소속의 공노비에 대한 공식 등록문서(입안)

　　조선시대 15~17세기에 노비의 인구비중은 30~40% 정도로 추정되지만, 19세기에 급감하여 2%에 불과하였다. 조선후기 노비와 노비제도에 대한 많은 부분이 밝혀졌지만 노비가 감소한 원인에 대해서는 여전히 많은 견해가 다르다. 이것은 노비를 바라보는 시각과 관련되지만, 노비에 대한 자료가 부족한 원인도 있다. 조선시대 노비는 토지와 함께 양반의 2대 재산이지만, 노비문서는 매우 적다. 노비문서는 19세기 말 조선에서 급격한 사회변동을 거치면서 유실된 것도 있지만 노비자신이나 그 노비주인들에 의해 고의로 파기되었다.

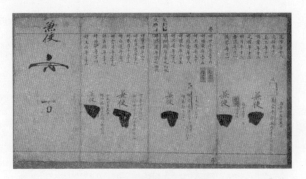

조선시대 사노비 입안문서

조선후기 노비는 공노비에서 사노비로 전환되었고, 노비가 사적으로 매매되기 시작하였다. 그림은 사노비를 매매한 이후 노비가 매매되었음을 국가가 인정하는 공식문서(입안)이다.

고려시대 원오국사가 작성한 노비첩
(보물572호. 순천 송광사 소장)

우리나라 노비의 실체를 구체적으로 보여주는 시기는 고려시대이며, 고려시대 최초 노비정책은 956년(광종 7) 노비안검법(奴婢按檢法)이다. 이는 명목상으로 고려 귀족들이 불법적으로 양민을 노비로 삼은 경우, 억울하게 노비가 된 자들을 풀어주는 것이었지만, 다른 한편 귀족의 세력을 억제하고 왕권을 강화하기 위한 것이었다. 풀려난 노비가운데 옛 주인을 경멸하는 경우가 자주 발생하면서, 982년(성종 1) 방량된 노비를 다시 환천시키는 노비환천법이 시행되었다.

일본학자인 四方博(1938)는 1690~1858년에 걸친 대구 10개 면의 호적자료를 사용하여 노비를 보유한 호구가 전체 호에서 차지하는 비율을 추적해보았다. 대구에서 노비를 보유한 호구의 비율이 1690년 37.1%에서 1858년에 1.5%으로 급격히 줄어 들었다.

대구호적대장(1690~1858)

경상도 단성에서도 이와 유사하게 노비 보유 호의 비율이 1717년 27.6%였지만 1786년 8.8%로 급감하였으며, 울산에서도 노비보유 호의 비중이 1729년 13.9%에서 1867년에는 0.5%로 급격하게 감소하였다. 노비인구는 1731년(영조 7) 종천법(從賤法)에서 '奴良妻所生從母從良法'(이하에서 종양법(從良法))으로 국가의 노비정책이 변화하면서 크게 감소되었다. 그와 함께 조선 후기 신분제가 불안해지면서 노비들은 스스로 자기성장 노력을 하였다.

울산호적대장 (1729-1867년)

노비가 존재한 이래 어떤 형태로든 그들의 저항과 자기성장에 대한 시도는 계속되었다. 따라서 노비에 대한 감시비용은 단순히 조선후기에만 나타나는 문제가 아니다. 노비의 도망은 가장 온건하고 지속적인 저항방법이었으며, 19세기에 들어와서 더욱 증가했다. 노비 도망사례는 앞에서 살펴본 노상추 일기에서도 자주 나타나고, 안동의 광산김씨 예안파 종가와 경주 여주이씨 옥산파 종가, 고령의 점필재(佔畢齋) 김종직 종가의 호구단자에서도 노비의 도망이 자주 거론되고 있다.

대구, 울산, 언양과 단성의 호적대장에서 노비인구가 감소하는 가장 큰 이유는 노비의 도망이었다. 하지만 이 시기 양반의 노비도망에 대한 추쇄기록은 급격히 감소하였고, 국가의 노비정책도 인본적인 유교정치이념에 따라 도망노비에 대한 추쇄를 점차 금지시켜서 노비에게 우호적으로 사회가 변화하였다. 또한, 당시 조선의 생산력 발전, 상공업 발달, 광산 개발, 도시 성장 등 사회경제구조의 변화로 인해 노비가 도망해서 신분을 감추고 생활할 수 있는 사회 경제적인 환경이 확대되었다.

노비의 또 다른 저항시도는 경제력을 바탕으로 한 납속면천이 대표적인 경우이다. 임진왜란의 발발로 군량이나 국가재정에 큰 어려움이 발생하면서 자신의 부와 재산을 국가에 바치고 노비에서 면천되는 모속사목(募粟事目)이 만들어졌다. 모속에 응하는 노비에게 노비신분을 면하게 하는 납속면천이 자주 이루어졌다. 공천, 사천으로 모속에 응하는 자가 많았다는 것은 노비의 경제적 성장을 의미한다. 마지막으로, 노비의 극단적인 저항으로는 주인살해(殺主), 주인송사(訟主), 주인배신(背主), 양반가 부녀자겁탈(奸士族婦女), 민란가담(作亂) 등 국가의 법제와 봉건적 신분 질서를 부정하는 행위였다. 나아가 노비들은 각 지역 민란에 가담하여 조선의 신분체제에 정면으로 도전하기도 했다. 결국 노비는 봉건정부와 양반 노비주의 강력한 강제력에도 불구하고 자의식이 성장하면서 납속과 군공(軍

功)을 통한 신분상승을 꾀하였고, 다른 한편 태업, 도망, 신공 납부 거부, 주인살해(殺主), 민란(作亂) 등 저항을 통해 봉건적 모순을 극복해 갔다.

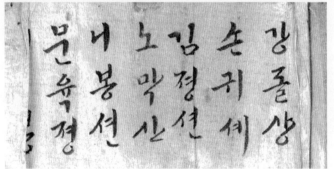

19세기 조선시대 한글로 작성된 노비 문서
19세기 조선에서 한글의 사용이 증가하면서 양민들이 노비를 매매할 때 작성이 쉬운 한글로 된 노비매매문서를 사용하기도 하였다.

제3장 조선시대에 나타난 임금 노동자, 고공

조선 19세기 사회질서가 어지럽고 신분제가 약화되면서 도망노비가 늘어갔다. 양반지주는 노비를 부리기 힘들어졌으며, 노비 대신 임금을 주고 고용하는 노동자가 필요했다. 노비를 보유할 수 없었던 양민과 노비도 농사일이나 가사에서 부족한 노동력을 충원할 수 있는 노동자가 필요했다. 이들 노동자가 신분제사회에서 나타난 머슴(법제적인 용어로서 고공: 雇工)이다. 노상추 일기에서 비부 한선은 머슴으로 추정되며, 머슴도 노비와 같이 노망하는 횟수도 많았다. 노비와 머슴이 서로 혼용되거나 예속신분인 노비의 경계가 사라졌다. 또한 노비들이 스스로 머슴이 되고자 원하였으며, 노상추는 이를 허락하고 있었다.

> "복만은 방면되어 고식(雇食)하기를 원하는 고로 이를 허락했다. 이날 앙역노 최삼이 그 어머니와 처자식을 버리고

부질없이 나갔다가 하니, 가히 애통하다. 행랑(廊下) 최삼의
둘째 아들 복대가 28일에 사망하였다고 하니, 애처롭다."
(1824년 11월 15일).

노 복만은 방면되어 스스로 머슴(고공)이 되기를 원하자 아
무런 조건 없이 허락하였다. 최삼(崔三)의 경우도 처음에는 앙
역노(仰役奴)라고 기록되다가 나중에는 머슴인 고노(雇奴) 또는
행랑으로 표현하고 있다. 이것은 주호와 노비의 관계가 변화
하고 있으며, 노비와 머슴의 신분경계도 거의 사라졌다는 것
을 보여준다. 노비와 머슴의 관계 변화는 노상추의 농업경영
에도 영향을 미쳤으며 조선의 신분제 사회도 빠르게 해체되고
있었다.

1824년 11월15일 일기에서 노상추는 별업(別業)에 똥삼(毗三),
탁지(卓只), 복지(卜只) 등 3명의 고노(雇奴)를 고용하였다. 특히
별업에 고용했던 탁지와 복지의 계약을 해지하고 정응지(鄭應
之)와 광칠을 새로 고용하였다. 노상추는 탁지, 복지 등과 1~2
년의 단기 머슴계약을 하였고, 머슴(고공)계약은 한 해 농사가
마무리되고 다음 해의 농사를 준비하는 겨울에 체결되었다.

"이날 이웃인 박험채(朴驗察)의 양자(義子) 똥삼(毗三)을 별
업의 고노(雇奴)로 두었는데, 내년 봄의 농사를 위함이다. 화
림별업의 고노(雇奴) 탁지(卓只)가 오후에 곽란을 일으켰다가

근근이 회생(回生)했다. 고노(雇奴) 복지(卜只)가 새 바지와 큰 두루마기를 가지고 와서 바쳤다. 별업의 고노인 탁지와 복지를 놓아 보냈다. 이번 달 2일에 청운동에 정응지(鄭應之)를 고용했으며 노 태엽(太燁)의 손자인 광칠(光七)을 역시 고립(雇立)했는데 나이가 18세이었다." (1824년 11월 15일).

지주와 머슴의 관계는 신분보다는 노동을 매개로한 수평적인 노동계약 관계이지만, 예속적이었으며 머슴도 빈번하게 도망갔었다. 이 같은 현상을 이해하는 중요한 키워드는 조선시대의 특징으로서 농업경제와 신분제에 있다. 양반의 입장에서 자신과 가문의 신분과 권위를 유지하기 위해서 많은 토지가 필요했고 토지에서 농사를 지을 수 있는 생산수단으로서 안정적인 노동력이 필요했다. 신분제사회에서 양반은 부를 창출해주는 토지를 안정적으로 경작하기 위해서 장기적으로 노동을 제공해주는 세습적인 신분노비가 필요했다. 하지만, 양반은 노비의 저항과 도망이 빈번해지면서 노비의 대체 노동력으로서 머슴을 고용하기 시작했다. 또한, 노비를 소유할 수 없었던 양민과 외거노비들도 부족한 농업 노동력을 보충하기 위해서 머슴을 사용했다. 신분에 관계가 없이 처음에 지주와 머슴은 수평적이며 대등한 경제적 관계로 시작했지만, 조선이라는 신분제사회는 노동자를 노동능력이나 기능보다는 천한 일을 하는 자로 바라보았다. 즉, 계약관계의 머슴을 신분적 노비와 같은 처지로서 취급하기 시작했다. 지주와 머슴의 관계는 신분적으로 예속되지는 않지만 경제적으로 토지에 예속적이었다. 수평적인 관계에서 임금을 받고 노동하는 임금 노동자는 조선이라는 신분사회에서 처음부터 불가능한 개념이다. 따라서 임금 노동자로서 머슴은 원래 목적과 달리 거의 노비와 같은 신분으로서 예속적으로 변화되었다.

조선시대 머슴의 성격에 대해 아직 정확한 정설이 없다. 첫째, 조선에서 머슴(고공)은 예속성이 없고 신분이 자유로운 임금 노동자라는 주장, 둘째, 조선전기에는 예속적 노동자이었지만, 후기에는 임금 노동자, 셋째, 무임금의 예속적인 사역 노동자라는 주장이 섞여져 있다.[1] 조선시대 경제사의 주요 논쟁점은 신분제사회에서 나타난 머슴은 수평적 계약관계인 임금 노동자인가, 아니면 예속적인 노동자인가에 대한 논란이다. 머슴에 대한 사료가 부족할 뿐 아니라, 사료에 대한 해석의 차이로 인해 머슴의 성격에 대해 아직 정확하게 알려진 것이 없다.

일반적으로 조선후기 머슴은 생계를 목적으로 대가를 받고 노동력 등을 제공하는 고용(雇傭)된 노동자라고 정의된다. 오늘날 임금을 받고 그 대가로 노동력을 제공하는 임금 노동자의 성격이다. 17세기 조선은 그전에 존재하지 않았던 머슴이 증

---

[1] 박성수 (1964), 김용섭 (1980), 강승호(2000), 한영국 (1979) 참조.

가하자 호적대장에서 머슴을 기록(입안)하였으며, 머슴에 대한 법률인 고공법을 따로 정하였다. 문제는 고공법이 처음부터 평등한 노동계약을 근거로 한 임금 노동자에 대한 규정이 아니라, 머슴이라는 이질적 노동자를 신분사회의 규범에 맞춘 제도였다는 점이다. 머슴은 초기에 계약 노동자로서 허용되었지만, 신분제사회에서 점차 종속적으로 변해갔으며 그 특성도 노비와 유사하게 변해갔다. 농업경제에서 토지는 생계를 유지하는 수단이었으며, 거주지이었다. 토지를 보유하거나, 경작을 하지 못하게 된 사람들은 생계수단과 동시에 거주지가 사라져서 유랑하는 빈농이 되었다. 조선후기 토지가 없는 빈농들은 오늘날 생산수단이 없는 임금 노동자들보다 훨씬 절박한 가난에 처했었다.

조선후기 머슴의 성격을 살펴볼 수 있는 또 다른 단서는 농업생산방식에 있다. 이앙법의 확산으로 농업생산의 특성상 계절적으로 3월~9월 사이에 노동력을 집중적으로 사용하는 일시적 노동력이 필요했다. 조선의 신분제사회에서 법으로 인정된 노동형태는 신분적으로 세습되는 노비이었다. 하지만, 농업생산의 노동력으로서 노비는 농사철이 지나가는 10월부터 다음해 2월까지 일하지 못하고 쉬는 날이 더 많았다. 따라서 지주들은 효율적으로 농업생산을 위해서 일시적으로 고용이 가능한 머슴이 필요했다.

1. 머슴은 얼마나 많았을까?

조선시대 머슴이 얼마나 많았으며, 그들의 삶과 성격을 보여주는 자료가 거의 없다. 더욱이, 머슴에 대해 관심을 기울인 연구도 매우 드물다. 단성 호적대장은 1975년에 단성향교에서 처음 발견되었는데, 조선 후기인 17~18세기에 노비와 머슴에 대한 기록을 동시에 가지고 있다는 점에서 귀한 자료이다. 단성은 오늘날 경상남도 산청군 단성면과 그 인근 지역이다. 조선 세종 때에 신설된 단성현은 임진왜란 직후인 1599년(선조 32)부터 1613년(광해군 5)까지 산청에 속했던 것을 제외하고는 작은 현이었다. 단성호적대장은 1678-1789년에 원당, 현내, 오동, 북동, 도산, 생비랑, 신등, 법물야 등 8개면 호적으로 구성되어 있다. 경상도 단성은 지리산에 인접한 산간지역이었기 때문에 평야지역은 많지 않지만 토지가 비옥하고 기온이 따뜻하며 계곡 물을 이용해서 논의 경작이 용이해서 점차 인구는 늘어났다. 『세종실록지리지(世宗實錄地理志)』에는 조선 전체에서 개간된 토지 1,750결 가운데 물을 이용한 수전(水田)이 4/7 이상 차지하는 것으로 기록하고 있다. 단성은 토지가 비옥할 뿐만 아니라 산수가 좋아서, 작은 고을임에도 불구하고 경상도 진주와 더불어 많은 양반들이 살았던 지역이었다.

단성현 원정공 하집(1303~1380)이 살았던 분양고가 (汾陽古家)

분양고가는 전형적인 단성현 양반집을 보여주고 있는데, 집의 오른 쪽에 있는 매화는 집주인 원정공의 이름을 따서 원정매(元正梅)라고 지었으며, 수령이 640년 정도 된다.

단성호적대장(1678~1789)

단성호적대장은 1678~1789년 원당, 현내, 오동, 북동, 도산, 생비량, 신등, 법물야 등 8개면 호적으로 구성되어 있다. 경상도 단성은 지리산에 인접한 산간지역이었기 때문에 평야지역은 많지 않지만 토지가 비옥하고 기온이 따뜻하며 계곡 물을 이용해서 논의 경작이 용이해서 점차 인구는 늘어났다. 단성은 토지가 비옥할 뿐만 아니라 산수가 좋아서, 작은 고을임에도 불구하고 경상도 진주와 더불어 많은 양반들이 살았던 지역이었다.

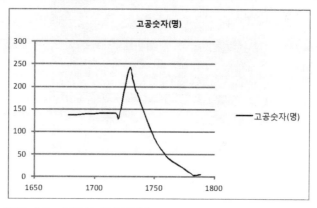

〈그림 1〉 18세기 단성지역 머슴(고공)의 숫자

고공숫자(명)

── 고공숫자(명)

*자료 출처: 저자작성-단성호적대장
그림에서 18세기 단성 호적대장에 기재된 머슴 인구는 1732년 241명으로
최고점에 도달했지만, 이후 급격히 감소하여 18세기 후반에 사라졌다. 머슴
을 보유한 호의 비중은 1732년 전체 호의 3~6%이었다.

〈그림 1〉은 1678~1789년까지 단성 호적대장에 기재된 머
슴의 숫자를 정리한 것이다. 머슴의 인구는 1678년 135명에서
1732년 241명으로 증가하였지만 그 이후 급격히 감소하여 18
세기 후반에 완전히 사라졌다. 머슴을 보유한 호는 1732년175
호로서, 전체 호의 3~6%이었으나 그 이후 점차 줄어들었다.

단성에서 호 당 머슴의 수는 1732년에 1.3명이었으며, 그
이후 호 당 1.2명으로 줄어들었다. 참고로 18세기 후반 대구
와 울산에서 호 당 머슴의 숫자는 1.1명이었는데 단성과 큰
차이가 없었다. 머슴인구가 1732년을 기준으로 크게 줄어드는
것 국가의 노비정책이 1731년 종천제에서 종량제로 변하면서

노비인구가 줄어드는 것과 관련이 깊다. 머슴이 노비와 어떻게 서로 대체적으로 사용되었는지를 알아보기 위해 단성과 대구에서 노비를 보유한 주인 호의 비율을 <그림 2>에서 비교하였다.

〈그림 2〉 17~19세기 단성과 대구에서 노비를 보유한 호의 비율

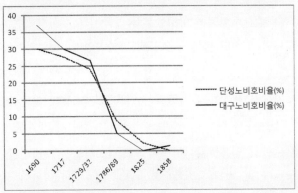

*자료 출처: 저자작성-단성호적대장과 대구호적대장
17세기 말 단성에서 노비를 보유한 노비호의 비율은 30%이었지만, 1732년 노비제의 변화이후 이 비율은 급격히 감소하여 19세기에는 거의 사라졌다.

17세기 말 대구와 단성에서 노비를 보유한 주인 호의 비율은 각각 37%, 30%이었으며 세 가구 당 한 가구가 노비를 보유할 정도로 일반적이었다. 하지만, 1731년 노비제의 변화이후 노비를 보유한 주호도 급격히 감소하여 19세기에는 거의 사라졌다. 특히 1732년 이후 노비인구의 급격한 감소와 함께

머슴인구도 급격히 줄어들었는데, 이는 머슴이 노비를 대체하는 노동력이 아니라는 것이다. 머슴은 노비의 또 다른 이름이었던 것이다.

2. 머슴(고공) 계약

17세기 말 조선에서 상평통보가 유통되고 장시가 발전하면서 토지와 노비의 매매가 조금씩 증가하였다. 농업경제와 신분사회에서 토지는 신분적 속성을 가지고 있는데 토지매매는 그 토지에서 생계를 유지하던 농민을 토지로부터 이탈시키게 된다. 토지에서 이탈된 농민들은 유랑을 하면서 생계를 위해 대가를 받고 일을 하는 머슴이 되었다. 이들은 수공업장, 광산 또는 다른 도시지역으로 흘러가서 일을 했다. 특히, 토지가 없는 일부 양반들도 스스로 생계를 위해 노동을 시작하면서 신분제가 흔들리고 노동의 상품화가 이루어졌다.

이 시기 고용노동의 형태는 호적대장에 등재되면서 장기적인 계약이 형성되는 장기머슴(고공)과 호적대장에 기재되지 않는 일시적인 고용자인 고인(雇人) 또는 단기머슴(일고)이 있다. 우리가 알고 있는 머슴은 대부분 5년 이상 장기적인 머슴으로서 호적대장에 지주 호 밑에 함께 등재되어 있는 사람들이다. 한편, 고용주의 형태에 따라 사적인 고공(雇工)과 공적인 고역(雇役)으로 구분된다. 공적인 고역은 정부의 군역(軍役)과 신역(身

役)을 대신하는 고용노동이다. 머슴은 법제적으로 노비보다 1
등급 정도 상위 신분이나 후천적으로 얻어지는 사회적 신분이
며, 양반, 중서인, 양인, 천민 등 누구나 머슴이 될 수 있다.
고공법제로서 주호의 호적에 등재하여 그 사람이 머슴임을 나
타내었으며, 신분의 귀천을 탈피하고 있다.

17세기 말 토지에서 이탈된 유민의 급격한 증가는 사회적
으로 많은 문제를 가져왔다. 첫째, 유민의 증가는 국가 조세
원의 감소로 국가 재정부족을 야기하고, 둘째, 범죄나 민란
발생과 같이 사회를 불안하게 만드는 요소가 되었다. 1680년
고공법의 제정은 유랑 농민의 증가로 인한 사회적 문제를 해
결하기 위해서 만들어졌으며, 고공을 호적에 등재하여 그 사
람의 신분이 고공임을 나타내었다. 고공법은 머슴의 신분과
형벌을 규정하고 있었으며, 머슴을 국가가 관리하는 호적대장
에 등재하여 조세를 부과하려는 의도를 가지고 있었다.

국가가 머슴(고공)의 신분을 규정한 고공법의 제정 과정을
추관지에서 살펴보면 조선시대 머슴의 성격을 보다 명확하게
이해할 수 있다. 1680년(숙종 7)에 우의정 민정중(閔鼎重)이 고공
법 제정의 필요성을 역설하고 고공제 입안을 건의하였다.

"고공의 명칭은 법전에는 실려 있지 않습니다. 오직 함경
도에만 문무, 조사, 유품(文武・朝士・儒品) 등 양반에서부터
대저 노동하는 사람(有役人)까지 모두 양민을 지정하여 종신

토록 사환하기를 노업(奴僕)과 같이 합니다. 그 외의 다른 도에는 이러한 법이 없습니다. 다만 민가에서 일시적으로 품팔이하는 자를 고공이라고 부릅니다. 이들 부류들은 대개주인가에서 의식(衣食)을 제공받은 대가로 사역(力役)을 하게되니 정분(情分)이 남보다 특별합니다. … 반드시 별도의 사목(事目)을 만들어 만약에 고공이 되기를 원하는 자는 관에서 불러 입안(立案)하도록 하여서 일시적으로 고역(傭役)하는자와는 구분하여 두 가지로 하소서. 명분이 바로 정해진 연후에야 가히 일정의 제도가 이루어졌다 할 수 있겠습니다."

(『추관지(秋官志)』 고율부(考律部) 정제(定制), 고공조(雇工條)).

이 기사에서 17세기 후반 머슴이 민가에 많았으며, 고용머슴은 호적대장에 등재된 머슴(장기고공)과 등재되지 않은 머슴(단기고공)으로 구분되었다. 민정중은 머슴의 사회적 문제를 해결하는 방안으로서 장기머슴의 경우 관청에서 호적으로 등재하여 이들의 실태를 파악하고자 하였다. 국가는 호적에 등재한 자들만을 공식적으로 머슴(장기고공)으로 규정하고, 그렇지않은 일시 고용자와 구별하였다. 흥미로운 점은 국가가 모든노동자를 호적에 등재하여 고공의 신분으로 규정한 것이 아니라, 일시 고용자를 예외로 두어서 인정하고 있다는 것이다. 민정중의 고공제 건의가 받아들여져서 1680년에 정식으로 고공법이 만들어졌다. 고공법은 머슴과 주인의 고용계약이 대등한 경제적 관계를 나타내고 있으며, 호적에 등재되지 않았던 사람들은 단기머슴으로서 일고(日雇)나 계고(季雇)로 불렸다.

　"양반과 상민을 물론하고 대저 떠돌아다니는 걸인(丐乞)들을 率養하여 사역(力役)시키거나 고공으로 일하기를 원하는 자는 주호가 소장을 관청에 바치도록 하소서. 서울은 한성부에, 외방은 소속된 관청에 바치도록 하소서. 그 속하기를 원하는 사람과 아울러 진술을 받은 연후에 입안을 작성(成給)하고 호적에 올리도록 하소서. … 만약 고용(服役)에 서로 마음이 맞지 않아 다시 나오려는 자는 그 보내고 갈려고 하는 희망에 따라 다시 관청에 아뢰어 이전의 입안을 환수하고 돌아오는 해(式年)를 기다려 호적에서 삭제하소서."
　(『추관지(秋官志)』 고율부(考律部) 정제(定制), 고공조(雇工條)).

　이 기사에서 고공법의 주요 내용은 주인집에서 거주와 식량(率養)의 대가로 사역노동을 제공하는 사람을 관청의 인증하에 호적에 등록하고 머슴과 주인(주호)으로 인정한다는 것이다. 또한 이 고용관계는 사정에 따라서 관청에 보고한 후 언제든지 폐기될 수 있으며 그 결과는 다음 해 호적에 반영하였다.
　한편, 고용주와 유랑 농민의 고용계약은 노동시장이 발달하지 않았던 신분사회에서 그 계약의 실행에서 많은 문제가 발생했다. 일시적으로 고용된 머슴은 자신도 모르게 불리하게 고용계약이 작성되어서 나중에 불공평한 임금에 대한 분쟁이 자주 발생하였다. 또한, 머슴 인구가 증가하면서 머슴과 관련된 범죄나 계약을 둘러싼 사건이 빈발하였다. 1783년에 수정된 고공법인 고공정제는 고공의 신분과 더불어 고공기간과 임금에 대한 규정을 법으로 명문화하여 고공노동의 질을 높이는 계기가 되었다. 특히, 기존 고공법은 고용기간과 임금규정이 정확하게 없어서 많은 문제를 불러왔는데, 1783년 고공법 개정의 직접적 원인이 바로 정대인(鄭大仁) 사건이었다.

"정조 7년 癸卯에 전라도 보성군 살옥죄인(殺獄罪人) 정대인(鄭大仁)의 옥사(獄事)에 대한 판결(判付)에 이르기를 … 대개 정대인은 노비를 살해한 것으로 자처하기 위해 문권을 만들고 소장(小杖)을 친 것으로 칭하여 스스로 절굿공이로 때린 것을 모면하고자 했다. 그 정상(情狀)을 살펴보니 깨우치지 않음에 매우 마음이 아프고 분함이 있다. … 이로서나 저로서나 결코 참작하여 용서할 도리가 없다. 만약 법을 베풀지 않으면 차후에 고공(雇工)들이 장차 날로 죽게 될 것이다. … 이로서 다시 도신(道臣)에게 친히 상세히 조사하도록 한 연후에 아뢰도록 하며 심지어 금석(金石)의 전(典)을 제정(裁定)하자고 하는 자도 있으니 일정의 제도가 없을 수 없다. 본조(本曹)에서 대신들과 의논하여 아뢸 일로 판하(判下)하셨습니다."(『추관지(秋官志)』 고율부(考律部) 정제(定制), 고공조(雇工條)).

"영의정 서(徐)가 이르기를 … 우리나라 고공(雇工) 제도는 중국과 더불어 차이가 있습니다.

중국은 문권(文券)을 만들어 연한(年限)을 의논한 연후에 비로소 고공(雇工)이라 이릅니다.

그런데 우리나라는 문권이 있으며 연한(年限)을 정한 자는 고공이라 이르지 않고 바로 노비(奴婢)가 됩니다. 소위 고공이라고 불리는 자는 불과 촌점(村店)의 사이에서 잠시 왔다가 갔다가 하는 일시적으로 머무는 부류들입니다. 우의정 이(李)가 이르기를 … 우리나라의 소위 고공은 불과 3~4개월, 많게는 1~2년 정도 머뭅니다. 그리고 원래 임금을 규정하거나 문권을 만드는 일이 없으니, 중국 고공과 같지 않습니다.”(『추관지(秋官志)』 고율부(考律部) 정제(定制), 고공조(雇工條)).

여기에서 자기가 보유한 머슴을 타살한 정대인이 자신의 형량을 경감시키고자 살해된 머슴을 자기 노비라고 거짓 주장을 하였다. 이것이 문제가 되어서 정부는 머슴신분에 대한 규정을 다시 의논하였다. 두 번째 내용은 중국의 고공이 장기 고용계약의 기간과 임금을 규정하고 있는데 반해 조선에서는 고용기간과 임금에 대한 규정이 없다는 것을 언급하고 있다. 당시 머슴은 짧으면 3~4개월, 길면 1~2년의 기간 동안 주인의 집에 머물면서 수시로 왕래하는 존재이었다. 이는 1680년 기존 고공법의 규정에서 머슴과 주인의 관계가 두 사람의 합의에 따라 관청에 보고한 후 언제든지 폐기될 수 있었기 때문이다. 이처럼 머슴인구의 증가와 머슴의 신분에 대한 규정이 명확하지 못해서 사회적 문제가 발생하자 1783년에 고공법 개정에 대한 논의가 나타났다.

"도시 밖(경외; 京外)의 공역(工役)을 팔고자 하는 사람으로 임금을 10냥 이상 받고 5년 이상으로 의논하여 문권을 만든 자는 장적(帳籍)에 올리는 것을 허용하여 고공(雇工)으로 논한다. 이외의 임금을 받지 않고 문권을 만들지 않으며 또한 장적에 오르지 않은 경우로 1, 2년 출입하는 사환자(使喚者)는 범인(凡人)으로 논한다."(『대전통편(大典通編)』 형전(刑典)).

1783년 개정된 고공정제에서 머슴의 임금은 10냥 이상으로 하며, 고용기간은 5년 이상으로서 호적에 등재된 고용인을 장기머슴(고공)으로 인정하였다. 주인집에 머슴을 살러가는 경우 최소 5년 이상을 머슴으로 일을 해야 하므로, 장기고공의 예속성과 강제성이 그 만큼 강한 편이었다. 호적에 등재되지 않은 단기 노동자는 사환 또는 보통사람(凡人)으로 구분하였다. 중국 명나라 선종15년(1587)의 고공법에서도 호적에 등재한 장기 고용인을 고공(雇工)으로 불렀고, 수시로 출입하며 임금이 적은 단기고용인을 일반인(凡人)으로 구분하였다. 처음에 조선에 나타난 머슴은 지주의 예속된 노동자가 아닌 자유로운 계약 노동자이었다. 18세기 이후 노비의 신분상승 노력과 도망이 증가하고, 이앙법이 확대되면서 노동의 계절적 수요가 증

가하였고 장기노동력으로서 노
비와 장기머슴은 생산효율성이
떨어졌다. 효율적 생산을 위해서
지주들은 장기고용보다는 일고
나 계고 등 단기노동을 농번기에
집중적으로 사용하였다. 단기머
슴은 호적에 등재되지 않았으며
생계유지를 위해 날품을 파는 계

조선시대 유형원의 『반계수록』
유형원이 31세부터 집필을 시작한 반
계수록은 19년의 집필과정을 거쳐
1670년에 완성되었다. 반계수록은
유형원의 실학사상과 국가개혁안에
대한 내용이지만 그가 살아 있을 때
에는 거의 알려지지 않았다.
18세기 양득중(梁得中, 1665~1742)이
영조에게 『반계수록』의 간행을 요청
하는 상소를 올렸고, 1750년 이 책
이 간행되었다. 유형원의 사상은 토
지개혁을 중심으로 한 경세치용파
(經世致用派)의 개혁방안으로 이어
졌다.

층이다. 이들은 대부분 토지가 없
는 자들이지만, 토지가 있는 소작
이나 자작농들도 일시적으로 머
슴이 되는 경우가 있었다. 조선후
기 고용노동의 사용에 대한 내용
은 유형원의 『반계수록(磻溪隨錄)』
과 신돈복(辛敦復; 1692~1755)의 『산
림경제보설(山林經濟補說)』, 경북 칠
곡 감사댁과 예천 박조수가의 추수기에서도 확인할 수 있다.

3. 머슴의 모습변화

노상추 일기에서 나타난 비부 한선과 비 손단 부부와 노비
에서 고공이 되고자 했던 복만과 최삼의 사회적 성격이 어떻

게 변화했는가를 살펴보는 것이 흥미롭다. 하지만, 불행하게 도 노상추 일기에서 이들의 변화를 자세하게 추적할 단서가 없다. 비부 한선과 손단 부부가 도망가서 숨어 있던 인동의 객 사 공방으로 노상추가 찾아 왔다. 노상추는 이들에게 하루속 히 돌아오라는 말만 남기고 집으로 즉시 돌아갔다. 비부 한선 부부는 주인댁으로 돌아가기보다는 가족을 데리고 더 멀리 도 망하기 시작했다. 낙동강을 건너 아래쪽으로 도망쳐서 경상도 영천을 거쳐 단성까지 흘러 들어갔다. 단성은 지리산 지역이 지만 토지가 비옥하고 양반지주가 많았고, 농사에 필요한 일 손도 부족하였다. 여기에서 비부 한선 부부는 생계를 위해서 단성 어느 양반 댁의 농사일을 거들고 머슴으로 일을 했다.

〈그림 3〉 18세기 단성지역 머슴의 신분 변화

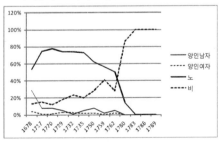

*자료 출처: 저자작성-단성호적대장

그림에서 머슴의 신분 가운데 양인비율은 17세기 33% 이었으나, 1732년 노비제의 변화이후 10%으로 급격하 게 감소하였고, 1780년대 말에 양인신분은 거의 사라 지고 거의 노비신분으로 이루어졌다. 18세기 말에 머 슴이 노비신분으로 변화하는 "머슴의 노비화" 현상을 보 인다.

<그림 3>은 단성지역 호적대장을 통해서 머슴의 신분과 성별 변화를 정리한 것으로서, 머슴의 사회적 성격을 파악할 수 있다.

머슴의 신분은 1678년 양인남자가 29%, 양인여자가 4%로서 전체 머슴에서 양인신분이 33%로서 높은 편이었다. 1732년 이후 양인비율은 감소하여 10% 수준이었다가, 1780년대 말에 양인은 거의 사라지고 노비신분의 비율이 급격히 증가하였다. 즉, 18세기 말 이후 머슴이 점차 노비신분으로 변화하는 "머슴의 노비화" 현상을 보인다. 한편, 머슴의 성별은 1732년까지 남성이 75%로서 여성비율(25%)보다 훨씬 높았지만 그 이후 모든 머슴은 여성으로 전환되었다. 즉, 1732년까지 머슴은 생산 노동력으로서 양민남성이 사용되었으나 그 이후 노비신분을 가진 여성으로 대체되었다. 머슴의 나이는 생산성이 가장 높은 청장년 16~40세의 비중이 1732년까지 70%이었으나, 그 이후 나이는 점차 어려졌다. 나이가 어린 15세미만의 비율은 1732년 10%에서 점차 늘어나서 33%로 증가하였다. 단성 머슴은 1732년 이후 점차 연소화, 여성화, 노비화 추세를 보이고 있으며, 나이가 어린 여자머슴은 생산보다는 생계유지를 위한 사역노동으로 사용되었다는 것을 짐작할 수 있다.

이러한 단성 머슴의 성격변화는 경상도 언양과 대구에서도 유사하게 나타났다. 18세기 초까지 언양과 대구의 머슴은 남성

비율이 80% 이상이었으나, 그 이후 여성 비율이 증가하여 60% 이상이 되었다. 머슴의 여성화 현상은 19세기에 더욱 심화되어서 머슴은 거의 여성이었다. 머슴의 나이는 18세기에 16~40세의 청장년층이 언양 62%, 대구 78%를 차지할 정도로 많았지만, 19세기에는 15세 미만의 어린 머슴비중이 언양 52%, 대구 38%로 크게 증가하였다. 18~19세기 토지를 갖지 못하거나, 토지에서 쫓겨난 유민이 증가하면서 생계를 목적으로 사역노동을 하는 나이 어린 머슴들이 증가하였다.

1732년까지 머슴은 그 숫자가 점차 증가하였으며, 농업생산을 목적으로 하는 노동력으로서 역할을 하였다. 하지만, 그 이후 머슴의 성격이 바뀌면서 그 숫자도 줄어들고, 머슴계약도 이전과 다르게 변화했다. 단성 호적대장에서 머슴의 인구수가 변동하는 이유는 크게 재래(在來), 가현(加現), 유고(有故)으로 구분할 수 있다. 재래 머슴은 호적대장을 작성할 당시에 주호와 함께 거주하던 머슴이며, 가현 머슴은 전에 없다가 새로 등장한 자이다. 유고머슴은 호적대장의 작성 이후에 도망(逃亡), 이거(移居), 사망(死亡) 등으로 현재에 사라진 자이다. 머슴의 유고 원인을 추적해보면 머슴이 왜 사라지는지를 추정할 수 있다. 이사는 신분이 자유로운 사람들의 호적변동 사유이며, 도망비율이 높아진다는 것은 신분적으로 예속적인 머슴이 증가한다는 것을 나타낸다. 단성 머슴의 유고원인은 초기인 1678년 이사(80%), 도망(12%), 사망(8%) 순으로 이사가 가장 큰 원인이었다. 머슴은 원래 예속된 관계가 아니며 수평적으로 대등한 노동관계이어서 항상 자유롭게 주인을 떠날 수 있었다. 하지만, 1780년 호적대장에서 머슴의 도망이 많아진 것은 새로운 고공정제에서 호적에 기재된 장기머슴의 경우 장기 계약기간(5년)을 유지해야만 했기 때문이다. 이러한 장기 계약기 간동안 주인으로부터 부당한 노동대우를 거부하는 가장 쉬운 방법은 계약기간 이전에 도망하는 것이다. <그림 4>는 단성 머슴의 도망비율을 보여주고 있는데, 1780년 머슴의 사라지는 유고 원인 가운데 100%가 머슴의 도망이었다. 이 같은 현상은 1732년 이후 머슴 신분이 양민에서 노비로 변화하는 "머슴의 노비화" 현상과 관련이 깊다.

한편, 재래머슴의 비율도 1678년 71%에서 1732년 100%로 지속적으로 증가하였다. 즉, 새로운 머슴보다 기존에 있던 머슴이 장기적으로 일을 계속하고 있다는 것을 보여준다. 머슴 계약이 초기에 자유로운 신분을 가진 사람이 단기 노동을 목적으로 형성되었으나 점차 예속적인 장기계약의 형태를 보이고 있다.

한편, 머슴의 신분과 함께, 머슴을 사용한 주인의 신분을 찾아보는 것도 흥미롭다. 머슴을 사용한 주인의 신분은 초기 시기인 1678년에 주로 양민과 노비가 가장 많았으며, 그 비중은 양반 14%, 중인 14%, 양인 35%, 노비 36% 등이었다. 1732년에도 양반 33%, 중인 26%, 양인 23%, 노비 17% 등으로 양민과 노비가 여전히 높은 비중을 차지하고 있었다. 머슴의 주인 신분을 통해서 알 수 있는 것은 주인 신분 가운데 양민비중이 커서 노비를 소유할 수 없는 계층에서 노비의 대체노동력으로서 머슴을 사용했다는 것이다. 그것은 1732년 머슴의 모습이 청장년층 남성으로 구성되었다는 것으로도 짐작할 수 있다. 하지만 그 이후 주인의 신분이 양반으로 변화되고 머슴도 나이가 어린 여성노비로 대체되었다. 결국 18세기 초기 머슴은 생산노동을 목적으로 신분이 자유로운 청장년 남성이 단기적으로 사용되었지만, 19세기 머슴은 나이가 어린 여성 노비위주로 장기적이고 예속적으로 변화되었다. 이는 19세기 머슴이 예속 노비의 또 다른 제도적 틀이라는 것을 보여주고 있다.

〈그림 4〉 18세기 단성지역 머슴(고공)의 도망 비율(%)

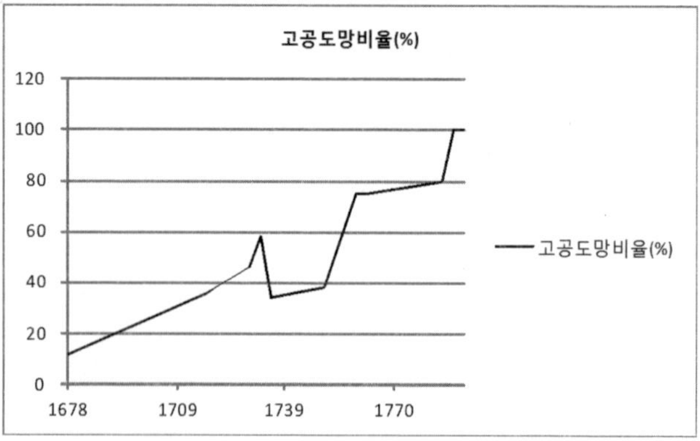

*자료 출처: 저자작성 – 단성호적대장
단성에서 머슴이 주인 호적에서 사라지는 머슴의 유고원인가운데 도망비율이 가장 크며, 그 도망비율은 1732년 60%이었던 것이 18세기 말에 100%이었다. 이는 1732년 노비제 변화 이후 "머슴의 노비화" 현상과 관련이 깊다.

이 같은 머슴의 성격변화는 1731년(영조 7) 국가노비정책이 종천제(從賤制)에서 종량제('奴良妻所生從母從良法'; 이하에서는 종량제로 표기)로 변하는 시기와 거의 일치하고 있어서 노비의 도망과 밀접하게 연관되어 있다.

흥미로운 점은 조선후기 장기 머슴과 매매 노비의 특성이 거의 유사하다는 것이다. 앞에서 양반가문과 국가기관 소장자료에서 수집한 노비매매 자료는 19세기 들어서 여비의 매매비중이 70% 이상이었으며, 노비 나이도 15세에서 13세로 점차 어려졌다는 것을 보여주고 있다. 결국 매매 노비는 18세기 이후 점차 어려지고 여성화되었는데, 이는 머슴의 성격변화와 거의 일치하고 있다. 따라서 머슴은 신분적 지위나 법률적으로 노비와 다르지만, 그 사회적 성격은 노비와 거의 비슷했다. 만약 머슴이 노비에 대해 대체적이었다면 노비가 어려지고 여성비율이 증가할 때, 머슴은 이와 반대로 생산노동을 담당할 수 있는 청장년층의 남성 비율이 더욱 많았을 것이다. 하지만, 호적대장에서 나타난 머슴은 노비와 같이 어려지고, 여성화되면서 노비의 또 다른 제도적 이름이었던 것이다.

제4장 19세기, 머슴이 사라지다

조선시대 민란으로 어수선하던 1822년 4월 24일 경상도 선산 양반댁 노상추가에서 농사일을 하던 비부 한선이 그의 아내 비 손단을 데리고 도망했다. 노상추가 한선 부부를 찾아 인동의 한 객사 공방으로 찾아 온 이후, 이들 부부는 주인댁이 있는 선산으로 가기 보다는 가족을 데리고 더 멀리 도망하기 시작했다. 그 뒤를 주인댁 사람들이 쫓아올 것 같아 마음이 급하다. 낮에는 농막에서 숨어 지내다가 주로 밤에 도망을 다녔다. 한손엔 어린 아이들을 앞세우고, 다른 손과 등에는 이불가지와 봇짐을 메고 논두렁을 건너 마을을 빠져 나갔다. 한선은 낙동강을 건너 아래쪽으로 사흘을 도망쳐서 경상도 영천 인근 마을에 도착했다. 하지만, 그곳에서 머물 거처와 끼니를 마련할 수 없었다. 하루 밤 이슬을 피하기 위해 마을 큰 집 대문을 두드리고, 거처를 구해보았지만 문 앞에서 박대를 당한다. 다시 아랫마을을 배회하다가 이들을 불쌍히 여긴 어느 아주머니의 도움으로 그 집 행랑에서 잠을 청해본다.

다음 날 아침 먹을 끼니가 없어서 울고 있는 어린 아이들이 허망하다. 차라리 아이들을 배불리게 먹일 수 있다면 무슨 일이라도 할 수 있을 것 같다. 너무 배가 고파서 가족이 모두 굶어 죽을 것 같다. 이제 12살이 된 어린 딸의 손을 잡고 맛있는 것을 사준다면서, 데리고 가서 영천 큰 대문이 있는 양반 댁에 16냥을 받고 딸을 팔고 돌아왔다. 쌀 2~3석에 달하는 돈이지만, 남은 세 식구가 몇 달간 먹을 양식 밖에 안 된다. 한편으로 양반 댁에서 딸이라도 배불리 먹을 수 있을 것이라고 애써 자위하지만, 어린 딸이 눈에 밟혀서 돌아오는 길에 기어코 눈물을 보이고 만다. 아직 빈곤이 끝나지 않았고, 언제 다시 가족이 모여 사는 모습을 그려보다가 하루하루 사는 것이 지옥 같다. 이제는 아들도 자매노비로 팔아야 할지 모른다. 멀리 아스라이 산봉우리가 보인다. 파란 하늘만 쳐다보다, 다시 눈시울이 붉어지면서 한숨만 나온다.

비부 한선과 손단은 봄에서 가을 추수까지 농사로 바쁜 몇 달을 영천댁의 행랑에서 일을 거들며 살았다. 늦은 가을 어느 날 아침 한선과 손단은 작게나마 농사를 붙여서 호구지책을 마련할 수 있는 곳으로 다시 길을 떠나기로 하였다. 행랑 일을 하면서 곡식도 모아 두었다. 짐을 싸고 아들을 앞세우고 어렵게 고생해서 다시 일주일 후에 도착한 곳은 경상도 지리산 밑 단성이었다. 단성은 토지가 비옥하고 양반지주의 토지가 많아서 항상 일손이 부족했다. 여기에서 비부 한선과 손단은 밀양 박씨댁의 농사를 거들며 머슴으로 일하기 시작했다. 몇 해 동안 박씨댁의 농사를 거들어 주었지만, 그 집에서 지급한 품삯이 너무 야박해서 제대로 호구를 이어갈 수 없었다. 터무니없이 낮은 품삯은 그렇다고 해도, 농사일을 자주 감시하고 일상에서도 무례하고, 자주 간섭하고 부리는 패악은 더욱 견디기 힘들었다. 이제 한선 부부의 아들도 이제 16세로 막 성년이 되고 있었다.

아직 날씨가 추웠던 2월 초순 야밤에 비부 한선과 손단은 아들을 데리고 간단한 옷가지와 이불을 등에 메고 도주하다시피 다시 길을 나섰다. 이들이 다시 찾아간 곳은 단성에서 그리 멀지 않은 언양 지역이었다. 경상도 언양은 사람들 눈에 띄지 않고 신분을 감추고 작은 땅을 개척할 수 있는 깊은 산악지역이었다. 언양은 토지가 척박하고, 양반의 비중이 작으며, 인구 밀도가 높았다. 이곳은 유난히 머슴과 노비가 많으며, 떠돌며 걸식하는 사람들도 많았다. 산세가 험하고 길도 제대로 없어서 관청의 손길도 미치지 못하였다. 여기에서 한선부부는 아들을 데리고 산 움막을 짓고, 땅을 개척하고 화전을 일구면서 조금씩 농사를 직접 짓기 시작했다. 부족한 식량은 가끔 날품을 팔아서 일고로서 언양읍 지역 최 부자집의 농사일을 거들고 품삯을 받았다. 도망하는 신분이 아니라면, 최

부자집의 행랑으로 들어가서 살고 싶었지만 사정이 여의치 못하다.

노상추 일기에서 비부 한선은 노비가 아닌 머슴으로 추정되며, 머슴도 노망하는 횟수가 많았다. 하지만, 1825년 이후 머슴은 호적대장에서도 그 모습을 감추게 되었다. 조선시대 머슴에 대한 공식자료가 기록된 것은 경상도 단성과 언양의 호적대장이다. 단성 호적대장은 1678년~1789년까지 110여 년의 자료이고, 언양 호적대장은 1711년~1861년까지 150년의 자료이다. 두 지역의 호적대장을 연결하면 머슴이 시기별로 어떻게 변화되었는지를 추적할 수 있다. 조선후기 머슴의 성격 변화는 신분제 변화와 밀접하게 관련이 있다. 신분제 사회인 조선에서 신분유지와 농업생산을 위해서 노동력의 확보가 필수적이었다. 하지만, 노비를 보유하기 어려운 양민들은 머슴을 사용하여 필요한 노동력을 확보하였다. 머슴은 노비와 다르게 수평적인 임노동관계로서 허용되었다는 점에서 수직적인 신분제 사회에서 이질적이었다. 하지만, 일하는 자는 모두 천한 자로 인식되는 신분제 사회에서 머슴은 점차 예속적인 노비처럼 변화되어 갔다.

경상도 언양은 현재 경남 울산시 언양이며 산간지역으로서 인구와 생산품이 미약하였으며, 저명한 관리도 배출되지 않아서 양반의 영향력도 크지 않은 평범한 농촌으로서 양반이 많았던 단성과 차이가 있다. 18세기 『호구총수(戶口總數)』에 의하

면, 언양 인구는 경상도 다른 지역과 비교해서 19위에 해당될
정도로 인구가 적었지만, 다른 지역에 비해 인구증가도 느렸
다. 하지만, 언양 지역의 호당 평균 인구는 8~9명이었으며,
전국 호당 평균 인구수인 4.2명과 비교할 때 매우 높은 편이
다. 이처럼 언양 인구가 많은 것은 지리적으로 산악지역이어
서 토지가 척박하고 농사짓기 힘들다는 지리적 특징과 다른
지역에는 보이지 않는 호적등재와 관련된 언양 지역만의 상황
이 있었던 것으로 보인다.

조선시대 18~19세기 언양현 지도
노상추가에서 도망 간 비부 한선 부부는 쉽게 눈에 뜨지 않고, 양반
이 많이 살지 않고, 일을 할 수 있는 산악지역으로 언양을 선택했을
것이라고 추측된다.

언양호적대장(1711~1861)의 표지

　언양 호적대장은 1711년에서 1861년까지 150년의 기록이고, 1711년의 것을 제외하고는 보존상태가 양호하며, 호적이 작성된 언양은 상북, 중북, 하북, 상남, 중남, 하남(삼동) 등 6개면이다. 현재 대구, 울산, 단성, 언양, 상주, 산음, 진해 등 여러 지역의 호적대장이 존재하고 있지만 언양 호적대장은 오랜 기간 동안 같은 지역에서 노비, 머슴과 협호의 존재를 동시에 파악할 수 있다는 점에서 유일한 자료이다. 언양 호적대장에 따르면 호 단위의 구성은 호의 대표자를 호주로 하여 그 아래 가족과 친인척, 노비, 머슴, 협인 등을 개별로 등재하였으며,

주호 안에 별도의 호를 두지 않았다. 따라서 호적대장에는 "협호"라는 호 단위가 아닌 개별적인 사람, 즉, 협인으로 등재되었다. 실제 한 주호 안에 여러 가족이 개별적으로 동시에 등재된 경우도 많았다. 호적내용은 이들의 신분·직역·성명·연령·성별·가족사항·유고(사망·도망·이거·혼인)·새로 호적에 편입되는 신솔(新率)에 관한 것이다.

언양 호적대장은 1711년~1861년 동안 150년의 기록이고, 1711년의 것을 제외하고는 보존상태가 양호하며, 호적이 작성된 언양은 상북, 중북, 하북, 상남, 중남, 하남(삼동) 등 6개면이다. 경상도 언양은 현재 경남 울산시 언양이며 산간지역으로서 인구와 생산품이 미약하였으며, 저명한 관리도 배출되지 않아서 양반의 영향력도 크지 않은 평범한 농촌으로서 양반이 많았던 단성과 차이가 있다.

1. 머슴은 왜 사라졌을까?

앞에서 살펴본 18세기 단성지역 머슴 인구는 1732년 이후 급격히 감소되었다. 19세기 언양에서도 머슴인구는 1777년 전체 인구의 4.8%이었으나, 1825년에 2.8%로 감소하였고 그 이후 호적 기록에서 나타나지 않았다. <그림 1>은 1777~1825년까지 언양 호적대장에 기재된 머슴(고공)과 머슴을 보유한 호(고주호)의 숫자를 비교한 것이다. 흥미로운 점은 언양은 단성에 비해 인구 당 머슴의 비율이 3~4배나 높다. 언양에서 머슴 비율이 높은 것은 이 지역이 단성에 비해 양반층이 적고 상대적으로 노비의 수가 적어서, 노비의 대체노동력으로 머슴을 적극적으로 활용한 것으로 보인다. 단성과 언양 지역에서 머슴의 숫자가 급격히 감소하는 시기는 1731년 노비제가 종천제에서 종양제로 바뀌면서 노비숫자가 줄어드는 시기와 1783년 고공정제가 발표되는 시기와 거의 일치한다.

<그림 1> 19세기 언양 지역 머슴의 인구 비율 변화

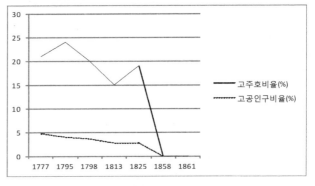

*자료출처: 저작작성−언양호적대장
19세기 언양에서 머슴비중은 1777년 전체 인구의 4.8%이었으나, 1825년에 2.8%로 감소하였고 그 이후 호적 기록에서 나타나지 않았다.

18세기 단성에서 머슴의 신분은 양민비중이 33%으로 많았지만 점차 노비신분이 급증하였다. 또한, 18세기 머슴의 성별은 처음에 남성비중이 75%으로서 절대적이었지만, 19세기에 들어서 여자가 75%로서 여자가 압도적으로 많았다. 19세기 머

습의 나이는 남자 33세, 여자는 15세이었으며 남녀 간 나이 차
이는 15살 정도이었다. 이를 통해 언양 머슴은 남자와 여자가
가족관계라기 보다는 서로 다른 노동목적으로 사용되었다는
것을 알 수 있다. 특히 머슴 가운데 가장 큰 비중을 차지한 나
이 어린 여자노비는 가사나 생계를 목적으로 사용된 것으로
보인다. 하지만, 19세기 남자머슴은 30대의 청장년으로서 농
업 생산 노동력으로 사용되었다.

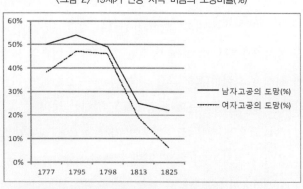

〈그림 2〉 19세기 언양 지역 머슴의 도망비율(%)

*자료출처: 저자작성 - 언양호적대장
머슴의 도망비율이 18세기에 남자 50%, 여자 38%이었으나, 19세기 후반
남자 22%, 여자 6%로 크게 줄었다. 이는 신분제가 해체되면서 머슴의 예
속성이 완화되었으며, 경제적 궁핍이 증가했기 때문으로 보인다.

한편, 19세기 언양에서 머슴의 신분을 확인할 수 있는 자료
는 1777년 호적대장이 유일한데, 주로 양민(92%)이었다. 하지
만, 1783년 고공정제 이후 모든 머슴은 신분의 구분이 없이

모두 고공이라는 신분을 부여받았기 때문에 그 이후 머슴의 신분변화를 추적할 수 없었다. 하지만 18세기 단성과 같이, 19세기 언양에서도 머슴의 성별은 여자가 75%로서 여자가 압도적으로 많았다.

언양 호적대장에서 머슴의 등재(출입)사유가 재래(在來), 가현(加現), 유고(有故) 등으로 기재되었다. 18세기에는 일을 계속하는 재래머슴의 비중이 높고, 도망하는 머슴도 증가했다. 이는 고공계약이 예속적이고 장기적이었다는 것을 의미한다. 18세기 단성에서 머슴의 유고 가운데 가장 큰 이유는 도망이었으며, 이는 "머슴의 노비화" 현상과 관련이 깊다. 하지만, 18세기 단성지역과 다르게, 19세기 후반 언양 지역 머슴의 도망은 눈에 띄게 감소하였다. <그림 2>는 19세기 언양에서 머슴이 사라지는 유고원인 가운데 도망비율을 정리한 것이다.

1777년 남자의 경우 도망비율이 가장 높은 50%이었으며, 그 다음이 거주지 이사 38%, 사망 12% 순이었다. 여자의 경우도 도망비율이 38%으로서 가장 높았으며, 사망 54%, 이사가 8% 순이었다. 하지만, 19세기 후반 머슴의 도망비율이 남자 22%, 여자 6%로 크게 줄었다. 이 같은 현상은 신분제가 해체되면서 머슴의 예속성이 완화되었으며, 이 시기에 경제적으로 궁핍한 사람들이 증가했기 때문으로 보인다. 경제가 궁핍하여 생계를 위해서 도망보다는 장기적으로 주호에 의탁해서 머슴을 한 것으로 보인다. 19세기 이후 점차 나이가 어린 여성머슴을 사용하면서 머슴의 사용목적이 농업보다는 가내 사역노동 등으로 변화하였다.

2. 19세기 후반 머슴, 노비가 되다

조선시대 전체 인구 가운데 노비의 비중은 15~17세기의 경우 30~40% 정도이었지만, 19세기 후반에 2~3%로 급격히 하락하였다. 19세기에 노비가 급격히 감소한 원인은 첫째, 노비에 대한 우호적인 방향으로 국가 정책의 변화, 둘째, 노비의 자기성장과 신분상승 노력, 노비의 태업, 도망 등 저항, 셋째, 노비수요의 감소 등이다. 먼저, 이앙법과 시비법의 발전으로 효율적인 농업경영을 위해 지주들은 계절적 실업을 가져오는 노비보다 일시적 노동력으로서 머슴을 많이 사용했다. 이 경우 노비에 대한 수요가 줄고 대신 일시적 노동에 대한 수요가 증가했다. 한편, 농업생산력의 발전으로 노비가 소농으로 성장하였으며, 소농경영은 주로 가족 노동력을 이용하면서 노비수요가 감소하였다.

흥미로운 것은 19세기 후반 경상도 대구와 언양 지역에서만 노비의 숫자가 오히려 증가했으며, 이들 노비의 나이가 청장년 남성들이었다. <그림 3>은 18~19세기 경상도 언양 지역에서 농사일을 하던 사람들을 노비, 머슴, 협호의 신분으로 구분하였다.

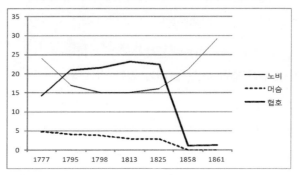

〈그림 3〉 19세기 언양 지역 노비, 머슴과 협호의 비중 (%)

*자료출처: 저자 작성 - 언양호적대장
언양에서 전체 인구 가운데 노비의 비중은 18세기 말 17%이었으나, 그 이후 줄어들다가 19세기 후반 다시 29%으로 증가하였다. 19세기 후반 조선 전체에서 노비가 줄고 있는 상황에서 경상도 대구와 언양에서만 노비숫자가 증가하는 원인은 상당히 호기심을 자극한다.

언양에서 전체 인구에서 노비 비중은 1795년 17%이었는데 19세기 후반 29%으로 증가하였다. 대구의 경우도 노비 비중은 1789년 16%이었는데, 19세기 후반 31%로 증가하였다. 19세기 후반 조선 전체에서 노비가 줄고 있는 상황에서 경상도 대구와 언양에서만 노비숫자가 증가하는 원인에 대해 일부 학자는 단순히 두 지역에서만 나타나는 호적기재의 착오로 생각하였다. 하지만, 호적대장의 착오가 아니라 그 기록이 사실이라면 19세기 후반 노비가 두 지역에서만 증가하는 이유는 무엇일까? 19세기 언양 인구는 감소하는데 노비만 증가하였다면, 이들 노비의 특성을 파악하면 이들이 어디에서 왔는지를 알 수 있다. 언양 노비의 특성을 파악해보기 위해 노비의 나이와 성별을 시기별로 서로 비교해 보았다. 언양 호적대장에 서 1777년에 노비 2110명 가운데 남자 43%, 여자 57%로 여자 가 조금 많았지만, 1861년 남자가 37%, 여자가 63%으로 여자 비중이 높아졌다. <그림 4>는 언양 노비의 성별 나이 변화를 시기별로 살펴보았다.

<그림 4> 19세기 언양 지역 노비와 머슴(고공)의 성별 나이 (단위: 세)

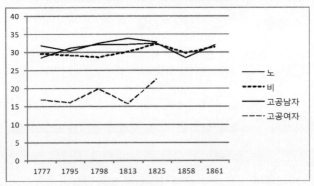

*자료출처: 저자 작성 ─ 언양호적대장
언양 노비는 19세기 초반까지 20대 후반~30대 초반으로 생산노동력에 적합 한 나이이었으며, 19세기 후반인 1861년에도 청장년층 비중이 많아서 생산노 동을 지속했다. 언양 노비의 나이가 생산노동력으로서 적합한 30세이었다는 사실은 앞에서 노비매매문서를 사용하여 추적한 매매노비의 나이(13세)와 상 당한 차이가 있다.

언양 노비의 평균나이는 1777년에 남자 28.5세, 여자 29.6 세, 1825년에 남자는 32.5세, 여자는 32.3세이었다. 언양 노 비는 19세기 초반까지 20대 후반~30대 초반으로 생산노동력 에 적합한 나이이었으며, 19세기 후반인 1861년에도 청장년층

비중이 많아서 생산노동을 지속했다. 언양 노비의 나이가 생산노동력으로서 적합한 30세이었다는 사실은 앞에서 노비매매문서를 사용하여 추적한 매매노비의 나이와 상당한 차이가 있다. 19세기 노비 매매문기에서 매매노비의 나이는 13세로 낮아지면서 노비가 농업노동력을 목적으로 거래되었다고 보기 힘들었다. 즉, 언양 지역 노비와 매매노비의 성격이 서로 다르다는 것을 알 수 있다. 매매노비들은 주로 생계가 어려워진 빈농이나 유민들이 생계유지를 목적으로 나이 어린 여성 아동을 매매했을 것으로 추측된다.

19세기 언양 호적대장에 기재된 노비의 등재사유는 크게 재래(在來), 가현(加現), 유고(有故)로 구분하여 살펴볼 수 있다. 노비의 유고원인 가운데 남자의 경우 18세기에 도망비율이 46%으로서 가장 높았으며, 그 다음 이사 40%와 사망 14% 순이었다. 19세기에도 노비의 유고사유로서 도망비율이 66%로 여전히 높았다. 가현노비의 경우 대부분 매득한 것인데 18세기에는 105명에서 19세기에는 급격히 감소하였다. 흥미로운 점은 재래노비가 1825년 350명에서 1861년 1264명으로 급증하였다는 것이다. 결국 19세기 후반 가현노비는 줄고, 재래노비가 급격하게 증가했다는 것은 주인 호에 새로 들어온 노비는 줄어들고, 계속 머물고 있는 노비가 증가했다는 것을 의미한다. 특히, 머슴이 사라지는 1825년 이후 새로운 가현노비와 매득노비가 거의 없는데, 노비숫자가 증가하는 것은 기존 머슴이 노비로 신분이 전환된 것으로 보인다. 즉, "머슴(고공)의 노비화 현상"으로서 머슴이 노비신분으로 호적에 등재된 것으로 보인다. 이 시기 호적대장에서 양반(특히 유학) 신분이 급증하면서, 대가를 받고 노동을 하는 모든 작인을 천한 신분인 노비로 분류했을 가능성이 높다. 특히, 머슴은 노동을 매개로 임금을 받는 열악한 계층으로서 머슴과 노비의 구분이 거의 사라졌다. 18~19세기 양반가의 일기(승총명록, 단계일기, 노상추일기)에서 머슴을 노비와 큰 구분 없이 고(雇), 고노(雇奴), 노비, 노업으로 기록하였다. 노상추 일기에서도 노 복만이 방면되어 스스로 고공이 되기를 원하자 아무런 조건 없이 허락하고 있으며, 최삼도 처음에는 앙역노(仰役奴)라고 하다가 나중에는 행랑 또는 고노(雇奴)로 표현되고 있어서 머슴과 노비가 혼용되어 사용되었다는 것을 알 수 있다.

　19세기 후반 조선에서 나타나는 머슴의 노비화 현상은 신분제가 해체되면서 머슴과 노비의 신분 차이가 사라지고, 신분보다는 노동기능을 강조하여 노동력을 선택하게 되었다는 것을 알려주는 신호이다. 18세기 조선에서 신분제의 갈등은 노비가 스스로 자의식이 성장하면서 신분제로부터 벗어나려는 시도를 하였고, 그 결과 노비의 도망과 신분상승노력으로 나타났다. 하지만, 19세기 신분제의 갈등은 노비 스스로가 아니라, 노비를 사용하는 주인이 신분보다 노동기능을 기준으로 노비와 머슴을 선택하면서 나타났다. 이는 19세기 조선에서 노동의 선택이 신분보다는 노동기능을 강조하는 노동시장의 맹아가 등장하기 시작했다는 것을 보여준다.

<그림 5>는 언양 호적대장에서 지주의 입장에서 19세기 농업 노동력으로서 머슴과 노비를 어떻게 선택해서 사용했는지를 보여주고 있다.

<그림 5> 19세기 언양 지역 노비와 머슴 보유비중 (단위: %)

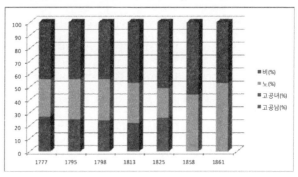

*자료 출처: 저자작성 – 언양호적대장
19세기 조선에서 지주가 가장 많이 사용했던 노동력은 노비이며 전체 노동력가운데 28~36%이었다. 머슴을 사용한 호의 비율은 15~20%이었으며, 머슴과 노비를 동시에 사용한 호는 4~12%이었다.

흥미로운 점은 19세기 초까지 주호가 가장 많이 사용했던 노동력은 노비이며 전체 노동력 가운데 28~36%이었다. 머슴을 사용한 호의 비율은 15~20%이었으며, 머슴과 노비를 동시에 사용한 호는 4~12%이었다. 하지만 그 이후 호적대장에서 머슴의 기록이 사라지고 노비만 남게 되었다. 18~19세기 농업

생산에서 주요 생산노동력은 머슴보다는 노비이었다. 주인 호는 이들을 사용할 때 남성보다는 여성을 두 배 정도 많이 사용하였는데, 그 이유는 여성노동의 유용성과 낮은 도망비율을 들 수 있다. 대부분 주호는 호당 1명의 노비를 보유하였으며, 이 가운데 여비만 보유하는 비율이 61%로 가장 많았다. 한편, 두 명 이상의 노비를 보유하는 호도 있었는데 이때도 여비만 보유하는 비율이 높았다.

제5장 19세기, 머슴대신 일하는 사람들

　　조선 후기의 특징은 농업경제로 대변되는 경제적 특성과, 사회 신분제를 반영하는 신분적 특성으로 구분된다. 노비와 머슴은 농업에서 중요한 생산 노동력이었으며, 신분제를 유지하는 노동력이었다. 19세기 후반 머슴의 숫자는 급격히 줄었고 도망하는 노비가 증가했다. 노비는 신분노비 보다 대부분 매매를 통해 얻어진 매득노비이었다. 매매노비는 후천적으로 얻어진 노비이며, 신분적 예속성이 없고 임금을 받고 노동력을 제공하는 머슴과 차이가 거의 없다. 19세기 노상추 일기에서 노비의 도망 뿐 아니라 머슴도 광범위하게 사라지고 있었다. 19세기 후반 조선에서 머슴과 노비가 사라지는데 그렇다면 도대체 누가 생산노동을 했을까 하는 의문이 남는다.

　　노상추 일기에서도 비부 한선은 노비가 아닌 머슴으로 추정되며, 머슴도 도망가는 횟수가 많았다. 이에 따라 광작과 지주농업을 하던 양반들은 안정적으로 농사를 지을 노동력을 확보하기 힘들어졌다. 노상추 일기에서 노상추가는 부족한 노동력을 메우기 위해 단기 임금노동인 단고를 고용하기도 하였다.

> "별업(別業)의 고노(雇奴)인 탁지(卓只)와 복지(卜只)를 놓아 보냈다. 이번 달 2일에 청운동(靑雲洞)에 정응지(鄭應之)를 고용했으며 노(奴) 태업(太燁)의 손자인 광칠(光七)을 고립(雇立) 했는데 나이가 18세라고 한다."(1824년 11월 15일).

노상추가는 별업에 탁지(卓只)와 복지(卜只)를 놓아 보내고, 대신 정응지(鄭應之)와 광칠(光七)을 새로 고용하였다. 이들 고공은 1~2년 기간의 고공계약을 맺고 임금 노동을 하는 단기 고공으로 생각된다.

또한, 노상추는 농업과 건축, 수리시설 등에 노비가 부족할 경우 머슴과 더불어 행랑채에 딸려 사는 홍석범, 덕채(德采)·석범(石凡), 원이(元伊) 등 협호 또는 협인을 동원하기도 하였다. 노상추가의 행랑에 거주하는 협인들은 홍석범, 덕채, 석범, 원이 등 4명이라는 것을 확인할 수 있다.

> "오후에 행랑채에 사는(廊下人) 홍석범(洪石凡)이 와서 고하기를 명숙(明叔)이 갑자기 죽었다고 했다. 행랑에 사는(行廊

底下人) 덕채와 석범이 와서 유숙했다. 행랑인 원이(元伊)가 역시 짐을 지고 왔다. 다른 날 행랑꾼(廊下軍) 4명을 불러서 비로소 체악당 앞 越川의 荒田 중에 신천(新川)을 뚫는 공사를 했다"(1828년 7월 26일).

또한, 노상추 일기에서 노상추의 행랑채(협호)에 거주했던 박태재는 옹기장(甕器匠)이었으며, 노상추와 예속관계라고 유추할 수는 없다. 그는 노상추의 집을 임차해 살면서 민관에 옹기를 만들어서 생활을 영위하였다.

"일찍이 別業의 행랑채에 박태재라는 사람이 있었는데 즉 옹기장이었다."(1827년 6월 8일).

조선시대 19세기 옹기장수 모습.
1827년 노상추의 행랑채에 살던 박태재는 옹기장으로서 민관에 옹기를 만들어서 생활을 영위했다. 박태재는 노상추의 협호로서 예속적 노동력보다는 서로 독립적인 생활을 영위한 것으로 보인다.

1. 누가 머슴대신 일하였을까?

19세기 머슴이 사라지면서 생산 노동력을 대체할 가능성이
있는 노동력은 단기머슴인 일고와 자매노비, 그리고 행랑에
살았던 협호들이었다. 단기 머슴은 노비와 신분적 차이가 없
고 임금을 대가로 노동력을 제공하는 임금노동의 형태를 갖추
기 시작했다. 하지만, 19세기 주요 노동력으로서 단기머슴은
호적대장에 등재되지 못했기 때문에 그에 대한 기록은 거의
찾아볼 수 없으며, 이들이 전체 노동력에서 차지하는 비중이
어느 정도인지는 가늠하기 힘들다. 다만, 19세기 경상도 지역
양반지주의 농사일기와 추수기는 단기머슴인 일고의 고용사
례를 잘 보여주고 있는데, 이를 통해서 단기 머슴의 성격을
유추해볼 수 있다. 경상도 양반가의 농사일기와 추수기가 작
성된 곳은 단성과 예천, 칠곡, 성주, 인동 등 주요 농산물 생
산지이었다.

19세기 조선에서 농업경영의 특성은 병작경영과 머슴(고공)
노동으로 설명할 수 있다. 병작경영은 생산적으로 개방성을
가지며, 머슴도 신분적으로 개방성을 가지고 있다는 점에서
두 단어는 서로 연결되어 있다. 병작경영은 농민이 지주의 땅
을 빌어서 농사를 짓고, 그 수확물을 지주와 나누는 농사방식
이다. 보통 농민과 지주 간에 수확물의 반씩 나누었지만 그
배분율은 지역에 따라 달랐다. 농사에 필요한 종자비용과 임

금, 기타 농사비용은 모두 농민이 부담하였다. 병작은 지주가 직접 농사를 짓는 가작경영을 대체하는 농업방식으로서 생산적 개방성을 가지고 있다. 지주의 가작경영은 노비의 도망과 태만 등 저항이 늘어나면서 노비를 부리기 힘들고, 이들의 생산성은 점차 하락하였다. 자기 집에서 멀리 위치한 토지에서 지주들은 직접 농사를 짓는 대신 가능한 병작경영을 선택하였다. 가까운 곳은 노비 대신 단기머슴을 고용하여 생산성을 높였다. 병작경영은 지주의 입장에서는 노동 생산성을 높이기 위한 대안이었지만, 작인의 입장에서도 수확물을 반으로 나누는 인센티브가 있어서 선호하였다.

조선 19세기 전라도 전주의 작인가족
그림 왼쪽 두 부부의 모습이 보이고, 오른쪽으로 두 딸과 세 아들 등 모두 7명의 식솔이 같이 살고 있다는 것을 알 수 있다. 양반지주의 행랑에 살고 있었던 협호는 부부와 가족 단위로 주인집에 의탁하여 생계를 해결하였으나, 머슴과 노비와 같이 예속적인 노동력으로 존재하였다.

머슴은 후천적인 신분이며, 양인신분보다 못하지만 원한다면 다시 원래 신분을 회복할 수 있어서 신분적 개방성을 가지고 있다. 1678년 상평통보가 도입되면서 장시가 커지게 되었고, 토지매매도 점차 증가하였다. 상민과 양반가에서도 빈곤으로 토지를 매각하는 사람들이 늘어갔다. 농업경제에서 토지를 가지지 못한 사람들은 토지에서 쫓겨나서 유랑하는 빈곤층으로 전락하거나 생계를 위해 노동을 상품처럼 매매하기 시작하면서 신분제가 흔들리기 시작하였다. 토지가 없는 빈궁한 양반들도 노동하기 시작하였으며 다른 머슴들과 구별이 없어졌다. 특히, 18~19세기 단기머슴인 일고는 호적대장에 등재되지 못하고, 매일(일고) 또는 계절(계고) 단위로 고용계약을 맺고 노동을 하는 일시적인 노동자이었다. 이들은 지주에게 신분적 예속관계를 가지고 있지 않기 때문에 노비에 비해 생산성이 높았다. 지주들도 계절적으로 농번기에 잠시 일고를 고용하는 것이 노비보다 효율적이었다.

19세기 후반 또 다른 흥미로운 노동력은 자신이나 자식을 스스로 팔아 노비가 되는 자매노비(自賣奴婢)의 등장이다. 19세기 신분노비의 숫자는 감소하였으며, 노비세습도 줄어들었다. 자매노비는 신분제의 해체와 정부의 조세수탈 강화, 부의 양극화 등으로 인해 유민과 빈농층이 증가한 것과 관련이 깊다. 자매노비가 처음 나타나는 18세기 후반에 생계를 목적으로 나이가 어린 자매노비가 매매되었다. 하지만, 19세기 후반에 자매노비는 그 나이가 청장년층으로서 신분제사회에서 임금 노동시장으로 전환되는 과정을 그대로 보여주고 있다. 이전 노비연구는 19세기 노비의 성격변화를 인식하지 못했으며, 노비의 신분적 제도에만 초점을 맞추고 있어서 자매노비의 역할이나 경제적 중요성을 알지 못했다.

단기머슴과 자매노비는 노동시장이 없었던 조선의 신분제사회에서 임금 노동력을 제공했던 초기 임금 노동자의 전형을 잘 보여주고 있다. 19세기에 물가는 급등하고 정부의 조세수탈은 심해졌다. 토지매매가 빈번하였으며, 토지가 없거나 토지를 빌릴 수 없어서 농업에서 이탈하는 유민과 빈농층도 증가하였다. 이들은 생계를 영위하기 위해 노동력을 팔아야 하는데 신분제사회에서 노동을 사고파는 유연한 노동시장이 존재하지 못했다. 일하고 싶은 사람들이 노동을 할 수 있는 유일한 방법은 신분제의 형식을 갖춘 노비제도이었다. 신분제사회에서 유민과 빈농층은 생계를 위해서 스스로 매매(自賣)를 통해 노비가 되었다.

한편, 일고와 자매노비와 더불어 노비의 대체노동력으로서 협호가 있었다. 원래 협호의 의미는 주인집에서 의탁하여 행랑, 사랑채나 문간방에 세를 들어 사는 행랑사람이나 셋방에 사는 가족(戶)을 말한다. 조선 후기 행랑에 사는 협호가 노동자로서 역할을 한 것은 이 시기 농업경제의 생산요소인 토지와 밀접하게 연결되어 있다. 농업경제에서 토지는 고정자본으로서 생산수단이었다. 토지가 없는 빈농들은 생계를 위해서 남의 토지를 빌리거나, 임금을 받고 토지에서 일을 해야만 한다. 중요한 점은 토지는 농업경제에서 생계수단인 동시에 바로 주거지인 것이다. 따라서 양반지주의 행랑에 사는 사람들인 협호는 주거와 생계를 동시에 해결할 수 있었으며, 양반지주의 입장에서도 안정적으로 농업 노동력을 확보 할 수 있는 기회이었다.

2. 날품팔이 노동자, 일고

조선시대 지주에게 지대를 납부하는 소작인. 김윤보
조선 후기 지주들의 농업경영 방식은 자택 근처에 있는 토지는 직접 가작 경영을 하였고, 원거리 토지는 지대를 받고 병작경영을 하였다. 이 그림은 갓을 쓰고 있는 양반지주로부터 토지를 빌려서 병작 농업을 하는 농민이 수확이 끝난 후 지대로서 수확물을 반분하여 지주에게 납부하는 모습을 그리고 있다. 마당 밑에는 갑자기 집으로 들어온 농민에게 놀란 닭들이 날개를 크게 펴고 달아나고 있다.

노상추 일기에서 나타나 있듯이 19세기에 노비숫자가 급격히 줄어들었고, 머슴도 노비와 같이 도망하는 경우가 많았다. 머슴과 노비가 사라졌다면 이 시기에 농업에서 직접 생산노동을 했던 사람들은 단기머슴인 일고로 짐작된다.

단기머슴은 생계유지를 위해 자신의 노동력을 임금을 받고 판매하는 노동계층이며 토지가 없는 자들이지만, 소농이나 자작농도 일을 하는 경우도 많았다. 이들은 농사일이 바쁜 농번기에만 일시적으로 노동을 하면서 농한기인 겨울에는 고용되지 않았다. 양반지주들의 입장에서 단기머슴은 농한기인 겨울에 계절적인 실업을 없앨 수 있는 효율적인 노동력이었다. 일시적인 계절 노동력이 집중적으로 필요한 농업생산에서 장기적으로 노동을 제공해주는 노비나 장기머슴은 노동효율성이 떨어지게 된다. 하지만 단기머슴은 지주에게 경제적, 신분적 예속관계를 가지고 있지 않기 때문에 다른 노동력보다는 생산성이 높았다. 다음은 양반지주가 노비나 머슴의 낮은 생산성을 극복하기 위해 일고를 적극 활용하고 있는 사례이다.

"강서현 鶯巖坊 지주 한경인(韓景橉). 지주 韓은 고공으로 한광록과 최봉일 2명, 그리고 협인으로 박사덕을 보유하였다. 그는 이 고을에서 재지유력자이고 또한 부자였기 때문에 이웃사람들은 그의 임인(賃人)이 아니면 모두 전부(佃夫)였다. 고공 최봉일이 치사 당시 지주 韓은 그의 고공과 협인

외에 일고(日雇)로서 김이상, 김성옥, 이극배 등을 고용하여 율전(栗田)에서 수확을 감독하고 있었다. 함양지주 모씨. 지주 모씨는 사노비로 잉삼, 고공으로 한영손, 김여옥을 보유하였다. 한영손 치사 당시 그는 打租를 위해 일고로서 이복돌, 이춘이 등을 고용하고 있다. 또한 그는 농우 한 마리도 소유하고 있다. 이 지방에서는 이모작이 널리 행해지고 있음을 볼 수 있다."(『송안(訟案)』[규장각고서(규고, 奎古)]).

이 기사에서 지주 한경찬은 이웃사람을 전호(佃戶)로 하는 병작 외에 머슴 2명과 협인(挾人) 1명을 보유하고 있고, 추가적으로 일고(日雇) 수 명을 고용하여 직영지경영을 하고 있었다. 이 기사에서 흥미로운 사실은 먼저, 지주가 병작 외에 직영지 농사를 동시에 하는 경우가 많았다는 것이다. 또한 지주들은 가내사역과 직영지 농사를 위한 노동력으로 고공, 협인, 노비들을 고용하고 있을 뿐 아니라 보완노동력으로서 일고를 활용하였다. 또한 머슴, 노비, 협인을 모두 비슷한 부류로 취급하지만, 일고는 이들과 다른 성격으로 구분하고 있었다. 머슴, 노비, 협인은 주호에 장기적으로 거주하면서 예속노동력으로 역할을 하였지만, 일고는 임금(雇價)의 높고 낮음에 따라 유랑하면서 일시적으로 고용되는 임노동자였던 것이다.

실제 18세기 경상도 단성 김인섭가의 추수기, 칠곡 감사댁 가작지(家作地) 농사, 19세기 경북 예천 박조수가의 가작지 농사에서도 일고의 사용을 확인할 수 있다. 먼저, 경상도 단성 김인섭가의 추수기에서 당시 일고와 작인을 고용한 가작지의 생산량은 두락 당 32.2두(斗)였는데 소작지의 지대는 11.8두이고, 병작지의 도지에서 받은 지대는 6~7두에 불과하였다. 이처럼 병작지대는 가작지의 1/3 혹은 1/5 수준이라는 사실을 알 수 있다. 이를 통해 단기 고용노동을 사용한 직접경영이 병작경영보다 유리하였음을 짐작할 수 있다.

김인섭(1827~1903년)의 일기인 『단계일기(端磎日記)』(1846년~1903년)에서 노비 22명 가운데 5명을 머슴으로 동시에 불렀고, 72명의 머슴 중에 42명을 노비로 혼용해서 불렀다. 김인섭가는 19세기 후반 20~30두락의 가작지를 경영하였는데 두락 당 평균 노동력은 10명이었다. 보리파종에서 보리타작, 벼의 이앙과 타작 등으로 이어지는 농번기에 연 평균 200명에서 300명에 가까운 노동력이 필요했다. 실제 김인섭가는 1894년에 논 30두락을 가작하였으며, 연간 노동인원은 240명이었다. 이들 노동자들은 농번기인 5월~9월에 집중적으로 일을 하였으나, 농사일수는 30일 정도이었다. 이를 고려한다면 김인섭가의 30두락 농업에서 매일 고정적으로 필요한 노동력이 8명~10명이었다. 실제 김인섭가의 농업에서 사용된 노동자의 신분은 단기머슴인 일고가 4명, 장기머슴과 노비가 각각 2명씩이었다. 여기에서 노비보다는 일고와 머슴의 사용 비중이 75%를 넘어서고 있다.

경북 예천의 박조수(朴祖洙)가는 1875~1901년에 30~40두락의 가작지 농사를 하였다. 박씨 가문의 가작지 농사에 동원된 연인원은 204~281명이었으며 노동력을 고용한 농업 일수는 80일이었다. 예를 들어, 박조수가의 농사에서 1875년 연간 농사인원은 281명이었으며, 매일 고정적으로 8~10명을 고용하였다. 이 가운데 노비는 2명, 머슴은 1~2명, 단기머슴(일고)은 6명으로서 단기머슴인 일고가 가장 큰 노동력의 비중을 차지했다.

예천 맛질 박조수 가문의 추수기 (1875~1901년)
예천 맛질 박조수 가문의 추수기에는 조선후기 농업 일정, 농사 방법, 농업에 동원된 작인의 숫자, 작인의 임금 등을 상세하게 기록하고 있어서, 이 시기 농업과 노동, 작인들의 삶에 관련된 귀중한 사료를 제공하고 있다.

한편, 예천의 사례보다 훨씬 이전인 1687~1752년 경상도 칠곡 감사댁인 광주이씨가의 농업사례에서도 단기머슴의 사용 사례를 확인해볼 수 있다. 광주이씨 석전파(石田派)인 이담명(1646~1701년)에서 이태운(1744~1789년)까지를 택호(宅號)를 따서 감사댁(監司宅)이라고 불렀다.

이담명가문은 2,000두락의 전답과 190구의 노비를 소유한 대지주였으나, 그 이후 자녀상속과 토지매매로 인해 토지가 줄어들어서 중소지주로 전락했다. 1742년 칠곡 감사댁의 가작지 규모는 20~50두락이었으며, 노비 13명, 고공 16명 등을 보유하였다.

칠곡 광주이씨 감사댁(1687~1752년) 종택
이 사진에서 보이는 칠곡 광주이씨 종택은 칠곡 약목에 현존하고 있다. 광주이씨 종택은 화려하지 않지만, 탁 트인 넓은 마당을 가지고 있으며, 단정하게 정리된 앞과 뒷 건물이 이어져 있는 것이 특징이다.

이 가운데 노비가 45%으로서 주요한 생산노동력이었다. 거주지인 칠곡에서 멀리 떨어진 성주지역에서 노동 인원이 15명이었으며 이중 노비가 7명(47%), 머슴 등 작인은 9명(53%)이었

다. 그 이후 1752년 감사댁의 칠곡과 성주 지역 노비 비중은
25%로 줄어들었고, 대신 머슴 비중이 75%으로서 크게 늘었
다. 즉, 신분제 해체가 본격화되는 19세기 이전부터 농업에서
노비보다는 머슴의 역할이 점차 중요했다는 것을 짐작할 수
있다.

조선후기 임노동의 성격변화를 잘 보여주는 것으로서 일제
식민지 조선 총독부에 의해 작성된 『조선의 소작관행(朝鮮ノ小作
慣行)』(하권, 1933, 37쪽) 보고서는 농업생산에서 고지(雇只)라고 불
리는 독특한 고용관계를 보여주고 있다. 고지는 "소작지 또는
가작지의 일부 혹은 전부에 대하여 미리 계약에 의해 그 경작
시의 한 작업 또는 여러 가지의 작업을 일괄하여 다른 개인
또는 단체원에게 청부시켜서 경작하는 제도"를 말한다. 이는
개인이 청부하는 일은 드물고 거의 20~40인이 한 그룹이 되
어 '통수(統首)'라고 하는 대표자를 세워서 청부하는 점이 머슴
과 협호 등과 다르다. 일본인 학자 久間健一의 연구에 의하면,
2두락 논의 모심기 작업을 하는 데 소요되는 노동시간과 임금
은 보통 노동자의 경우는 15.4시간, 146원 3전인데 반하여,
고지의 경우에는 13.3시간, 139.5전이었다. 고지가 머슴보다
경제적이었던 것이다. 결국 농업노동에 있어 노비와 머슴에
비해 일고(日雇)와 고지(雇只) 등 단기 임노동에 대한 수요는 증
가하였다.

이 시기 단기 임노동자는 단순히 농업생산 뿐 아니라 한성

과 평양 등 대도시 지역에서 잡역, 건설, 운반 등 단순 노동자로서도 사용되었다. 조선에서는 19세기 들어서 가뭄과 민란으로 농산물의 생산도 줄었으며, 백성의 살림은 갈수록 어려워졌다. 지방수령들은 토지 뿐 아니라 부역과 신역에도 과다하게 세금을 수탈하였으며, 세금을 못 내서 야반에 도주하는 사람들이 점차 늘어갔다. 특히 1791년(정조 15) 신해통공의 발효에 따른 시장과 포구의 발전, 부역체제에서 고역제(雇役制) 전환, 대동법 실시 등으로 대도시의 노동수요는 늘었으며, 몰락한 빈농들이 서울로 유입되었다.

"근년에 경기도 백리 내외의 민들이 짐을 지고 서울로 연이어 들어오는데 이는 대개 세금 독촉으로 인해 곤궁해졌기 때문입니다. 부역을 피하기에 급하여 가벼이 전택(田宅)을 버리고 떠나는 것을 달게 여기나 이들 모두가 반드시 게을러서 농사에 종사하지 않고자 하는 사람은 아니기에 그들 많은 무리들을 모아서 1~2명이라도 가려 뽑아야 할 것입니다."(『의상경계책(擬上經界策)』하권).

이 기사는 서유거(徐有榘)가 많은 경기지역 사람들이 서울로 유입되는 현상을 설명하면서, 이들 유민들은 농사를 기피하는 자들만이 아니고 부역을 못 이겨서 전택(田宅)을 버리고 서울로 유입되었다고 전하고 있다.

"생각건대 관동(關東)의 골짜기 백성들은 일시에 농토를
잃고 번번이 유산(流散)하기에 이르러 모두 서울 및 어물(魚
物) 생산이 풍성한 곳이나 곡창 지대로 유입되어 다시는 고향
생각을 하지 않는 고로 지금 볼 때 도하(都下)에서 머물면서
용임(傭賃)하는 부류들은 태반이 관동의 백성입니다." (『천일
록(千一錄)』 권11, 관속(關東)).

또한, 우하영(禹夏永)이 관동 지역 유민들의 서울 유입 현상
을 설명하면서, 이들 유민들은 대부분 서울에서 임노동자로서
'고임지류(傭賃之類)'로 살아가고 있다고 하였다. 당시 유민은
토지에서 이탈하여 농촌에서 노동력을 팔아 생계를 유지할 수
없었기 때문에 고용기회가 많은 서울로 유입되었다.

1900년 추정. 한성부 지게꾼
19세기 후반 조선에서 경제
적으로 빈곤한 농민들이 도
시로 유입되었으며, 이들은
단기 머슴인 일고로서 지게
꾼이나, 운송, 건축, 잡역을
하는 날품팔이 임금 노동자
가 되었다.

조선시대 1885년 추정. 목재를 운반하는 잡역 노동자
이 사진은 일본인이 찍은 "조선의 풍속"이라는 사진첩 가운데 일부이며, 목재를 운반하는 사람들을 보여주고 있다.
19세기 후반 조선에서 경제적으로 빈곤한 농민들이 농업으로부터 이탈되어서 도시로 유입되었으며, 이들은 단기 머슴인 일고로서 도시에서 운송, 건축, 잡역을 하는 날품팔이 임금 노동자가 되었다.

3. 스스로 노비가 되려는 사람들, 자매노비

앞에서 살펴본 조선시대 634건의 노비매매 문기에서 특이한 것은 18세기에 양인 스스로 자신의 몸을 팔거나 자식을 파는 자매노비가 지속적으로 증가하고 있다는 점이다. 자매노비 매매자료 가운데 가장 시기가 빠른 것은 1767년의 노비매매 문기이다. 자매노비의 매매 숫자는 1750~1790년에 매매노비 165건 중에서 13건으로, 그 비중은 7.8%에 불과하였으나, 19세기 후반에는 자매노비의 비중이 42.4%로 증가하였다.

19세기 노동력으로서 단기머슴과 더불어 주목해야 할 노동력은 빈농층의 일부가 스스로 매매(自賣)하여 노비로 전락한 자매노비이다. 18세기 중후반부터 빈번하게 나타나는 자매노비는 일반노비에 비해 그 매매숫자가 적고 나이도 어려서 아주 헐값에 거래되었다. 하지만 18세기 말부터 자매노비가 차지하는 비율이 급격히 증가하였다. 노비제가 실제 사라지는 것은 1894년 갑오개혁이지만, 이미 18세기 말 부터 자매노비가 증가했다는 사실은 노비제가 노동시장에 의해 대체되고 있다는 것을 알 수 있다. 자매노비의 등장은 노비매매와 노동시장의 차이를 구분할 수 없게 되었다는 것을 의미한다.

앞에서 살펴본 634건의 노비매매 문기에서 1767년부터 1894년까지 130여 년 동안 양민이 스스로 노비가 되는 이유는 가뭄과 홍수로 인한 기근이 전체 사유에서 64%로서 가장 많았다. 그 다음 사유는 집안의 생계, 부모의 장례비용과 병수발 비용, 부모의 빚 청산과 공양 등 빈곤관련 사유가 36% 이었다. 조선왕조실록에서 기근과 가뭄, 홍수 등 빈곤에 관련되는 실록기사의 등장 횟수가 증가할수록 자매노비의 매매건수가 증가하고 있다. 특히, 자매노비가 처음 등장하여 그 매매숫자가 급격하게 증가하는 18세기 말 실록에 기록된 기근과 가뭄, 홍수 등 빈곤기록은 매년 28건-35건으로 많았다. 그 이후 빈곤기록이 주춤하면서 자매노비의 매매건수도 줄어들었지만, 다시 1840년 이후 빈곤기록이 매년 25건-30건으로 늘면서 자매노비의 매매건수도 늘었다.

조선후기 신분제사회에서 빈민층 가운데 노동력이 있는 자는 일부 단기머슴으로, 일부 자매노비를 통해 노동력을 제공하였다. 흥미로운 것은 자매노비의 매매는 1894년 노비제도가 사라지고 난 이후에도 지속되었다. 1897년 1월에 박성필 부부가 일곱 살인 딸 수회(壽喜)를 30냥을 받고 오씨대에 판 경우(국립중앙도서관 소장 자매문기), 1905년 9월에 강법구 부부가 여덟 살 먹은 딸 상임(尙任)을 정진사댁(鄭進士宅)에 판 사례(전북대박물관 소장 자매문기) 등을 통해서 알 수 있다. 19세기 신분노비와 장기고공 대신에 단기머슴과 자매노비의 등장은 조선에서 노동시장의 맹아를 형성하고 원시 자본주의를 싹트게 하는 결정적인 원인이었다.

18세기 처음 나타나는 자매노비의 나이는 평균 15세로서, 일반노비의 평균 나이인 18세보다 낮아서, 이들이 생계유지를 위한 가사노동이었다는 것을 알 수 있다. 하지만 19세기에 자매노비의 나이가 26세으로 높아졌는데, 오히려 일반노비의 나이는 15세으로 낮아졌다. 이는 19세기 후반 자매노비의 역할이 농업 생산을 위한 임금 노동자의 역할로 전환된 것으로 보인다. 이 같은 현상은 19세기 후반 언양 지역 노비의 나이가 생산노동에 적합한 16-40세로 이루어졌던 현상과 유사하다. 자매노비의 성별은 시기별로 조금씩 차이를 보이지만 여성비율이 60%이지만, 여전히 남자비중이 크며 생산노동을 한 것으로 보인다.

조선시대 19세기 추정. 여자 몸종

이 사진은 두 명의 가마꾼들이 모는 가마 안에 양반 규수가 앉아 있고, 가마 오른 쪽에는 머리를 곱게 땋아서 내리고, 부채를 들고 있는 여자 몸종의 모습이 보인다. 19세기 조선에서 머슴의 성별은 여자가 75%으로 많았으며, 나이도 15세 전후로 매우 어렸다. 이 시기 나이 어린 여성머슴이 할 수 있는 일은 주로 가사를 돕거나 사진처럼 양반댁 몸종으로서 사역노동을 하는 것이었다.

<그림 1>은 조선시대 자매노비와 일반노비의 매매가격을 비교하고 있다. 자매노비의 가격은 18세기 자매노비가 처음 나타날 때 9냥이었다가, 19세기 후반 그 가격이 2배 이상 뛰어 19냥이었다. 이는 18세기 초반 자매노비는 나이도 어리고 사역노동으로서 가격이 낮았지만, 19세기 후반 자매노비는 청장년층으로서 생산노동으로서 가치가 높아진 것으로 보인다. 특히, 18세기 자매노비의 가격은 9냥으로 일반노비의 가격인 12냥보다 낮았다. 이는 자매노비가 신분적으로 세습이 안 되

었고 생계유지를 위해 나이가 어린 소년을 가사노동으로 매매
했었기 때문이다. 특히, 1820년 이전에 매매된 자매노비의 평
균나이가 15세 이하였다. 이러한 자매노비와 일반노비의 가격
차이는 19세기 후반에 거의 사라졌는데, 이는 두 매매 노비의
생산성과 신분에서 본질적인 차이가 거의 없어졌기 때문이다.

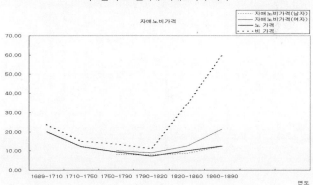

〈그림 1〉 조선시대 자매노비의 가격

*자료 출처-저자작성, 〈노비매매자료〉
18세기 자매노비가 처음 나타날 때 자매노비의 가격은 9냥이었으며, 일반노비
의 가격인 12냥보다 낮았다. 이는 자매노비가 신분적으로 세습이 안 되었고 생
계유지를 위해 나이가 어린 소년, 소녀들을 주로 가사노동력으로 매매했었기
때문이다. 이때, 매매된 자매노비의 평균나이가 15세 이하였다.

처음에 자매노비는 생산노동보다는 흉년이나 부채, 부모공
양, 제사비용의 충당 등 생계와 유교질서를 위해서 매매되었
기 때문에 나이가 어리고 낮은 가격으로 거래되었다. 하지만,
19세기 후반 신분 노비가 사라지면서 자매노비가 점차 생산노

동력을 대체하였다. 자매노비의 증가는 신분제 사회에서 노동
시장의 등장을 알려주는 중요한 신호이다. 실제 노비제가 사
라지는 시기는 1894년 갑오개혁이지만 그 이전부터 시장 기능
적으로 해체되었다.

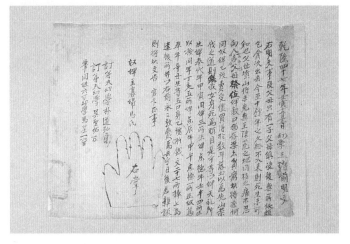

조선 19세기 자매노비의 매매문서
이 그림은 19세기 조선에서 과부 마씨가 자매노비를 매매하는 자매노비 매매문서
이다. 손 그림은 노비매매계약의 사인으로 수결을 증명하는 것으로서, 수결의 손
길이가 짧고 두툼한 것으로 보아서 노비를 매입한 과부 마씨의 것으로 보인다.

4. 행랑 사람들, 협호

조선사회의 급격한 신분제 해체과정에서 아무도 관심을 두
지 않았지만, 머슴과는 다른 노동계층이 지주의 행랑에 살았

던 협호(挾戶)이다. 협호의 노동성격은 머슴이나 노복(奴僕)과 비슷하였지만, 어떤 이유로 이들과 서로 다르게 구분되는지 알 수 없다. 조선후기 사회경제적 변동 속에 지방수령들의 세금수탈로 토지와 가옥을 버리고 야반도주하는 유랑농민들이 급증하였다. 유민들이 증가하면서 국가의 조세수입이 줄어들고, 사회적 문제를 야기하자 국가는 이들을 관리하는 법률을 새롭게 만들었다. 머슴의 경우 고공정제(雇工定制)를 제정하여 호적에 등재하였고, 협호의 경우는 협호성책을 만들어 별도로 관리했다고 알려져 있지만 명확하지 않다. 협호의 존재는 조선왕조실록, 비변사등록, 승정원일기, 문집 등 고문헌에서 잘 파악되지 않을 뿐 아니라 오직 몇 개 지역의 자료에서만 나타나기 때문이다. 또한 협호는 주인집에 얹혀 더부살이를 하면서 세금과 신역, 군역을 모두 면제 받았기 때문에 국가에서도 정확하게 그 존재를 파악하지 못했다.

　일제 식민지 조선총독부가 펴낸 『조선의 소작관행(朝鮮ノ小作慣行)』보고서(1933, 818~821쪽)에서 협호는 지주의 집에 같이 거주하는 경우는 행랑인(行廊人)·협방인(狹房人)·호저(戶低)·낭하(廊屬)·낭저(廊底)로 불리었고, 지주가 소유한 다른 가옥에 거주하는 경우 농막인(農幕人)·고직(庫直)·묘직(墓直)으로 불렀다. 다음 추관지 기사는 머슴(고공, 雇工)을 호적에 등재할 때 지주(土豪)들이 거느리고 있는 협호를 머슴(雇工)과 같이 섞어서 기록하였다는 내용이다. 지주들이 협호를 머슴이라 혼용하여 등재하였다는 것은 협호와 머슴의 성격이 비슷하다는 것을 나타낸다.

"집안에 두고 거느렸으면 하는 자가 많을지라도 단지 1, 2명만 역사할 수 있는데, 향곡의 토호들은 사목을 빙자하여 挾戶를 많이 거느리면서 雇工으로 섞어서 입안을 내어받는 자가 있으면 엄격히 금하고 발각되면 엄하게 다스려라."(『추관지(秋官志)』 정제(定制), 고공(雇工), 고공입안(雇工立案)).

다음 기사는 호서 지방의 양반 토호들이 자기 집의 호적에 협호('籬下居民')들을 십여 호에서 많게는 수십 호씩 감추고 비호해서 거느릴 뿐 아니라 기타 동민(洞民)들도 산역(山役)과 농사일에 노복(奴僕)과 같이 사역시킨다는 내용이다. 양반 토호들이 협호를 거느리는 주요 이유는 이들이 주인 호적에 등록되어서, 조세와 군역, 신역 등 국역(國役)을 면제받았기 때문이다.

"우의정 서명균이 아뢰기를, "삼남 토호들의 武斷의 폐단이 그침이 없으며, 호서 지방에는 양반들이 협호라고 칭하면서 혹은 수십 호에 이르고 적어도 십여 호를 내려가지 않을 정도로 은닉하고 보호하여 능히 양역에 충정(充定)할 수 없도록 합니다. 기타 동민 등을 산역과 농작에 사역하기를 노복과 다름없이 하나 수령은 감히 누구도 어찌할 수 없으며 방백은 비록 혹 이것을 알아도 이들 모두가 사족 친구들이어서 안면에 걸려 능히 처리할 수 없습니다." 하였다."(『비변사등록(備邊司謄錄)』 92책, 영조 8년 9월 7일).

이영훈(1988)은 광무양안(光武量案)을 사용하여 협호를 설명하기 위해서 "주호-협호론"이라는 가설을 제시하였다. 조선시대 호총제(戶摠制)에서 주인 호적 밑에 가족 뿐 아니라 다양한 신분을 가진 사람들을 상하관계로 편제된 것이 주호-협호(主戶-挾戶)라고 하는 관계이다. 주호-협호의 관계에서 협호는 양민처럼 호적에 등재되어서 국가의 직접 지배를 받지 않고, 대신 주인 호의 지배를 받는 예속적인 노동력이다.

즉, 주호-협호론은 신분제가 약화되면서 국가의 지배체제를 대신하여 지역 세력인 주인과 그에 의지한 협호라는 새로운 지배체제를 제시하였다. 1901년 광무양안은 충청도 문의(文義)·부여(扶餘)·석성(石城)·연산(連山)·정산(定山)·진금(鎭岑)·한산(韓山) 등 7개 군에서 주인 호 밑에 '협(挾)', '협호(挾戶)'라는 주석을 달았다. 각 호는 원호(原戶)와 협호(挾戶)로 구분되어, 호별로 집계되어 전체 군현의 총 호수에 합산되었다. 1901년 충남 7개 군의 총 호수는 23,416호인데, 이 가운데 협호를 표시한 호는 7,947호이었으며 전체의 34%이었다. 부여군의 협호 비중이 52.3%로 가장 높고, 한산군이 17.7%로 가장 낮았다. 주호-협호는 3년마다 호적대장을 작성할 때 이전 호적에 기록된 호구숫자가 미리 할당되어서, 그 숫자를 맞추기 위해서 호적에 토착민(土着富實人)은 주호이고, 주호의 직계 및 방계(直系·傍系親族과 籬下定着人), 그의 머슴과 노비, 그리고 불법적으로 도피하며 몸을 의지한 사람(避役投託人)은 협호가 되었다.

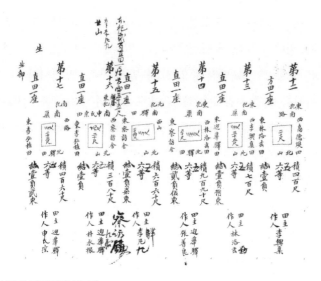

조선시대 광무양안(1901년)

광무양안은 광무년(1897년)에 조선 고종이 실시한 광무개혁의 토지조사사업으로
작성된 토지측량대장이었다. 광무양안은 토지 규모, 토지 소유자와 호주, 호주에
의탁한 여러 신분의 식솔들이 양안에 등재되었다. 토지조사사업은 크게 두 단계
로 나누어서 실시되었는데, 1단계는 1898년 전담부서인 양지아문을 설립하여 전
국의 토지를 측량하였으며, 2단계는 1901년 지계아문을 설치하여 양전 사업을
지속함과 동시에 토지소유자에게 지계를 발급하였다. 토지조사사업은 조선이 사
적 소유제도가 발달하였지만 그에 상응하는 국가의 토지소유권 보호 장치가 없
었기 때문에 근대적 소유권의 법적 확립, 지주적 자본주의 체제를 도입하는 개혁
정책이었지만 실제 조선의 내재적 기반과 재정이 부족하여 결국 실패한 정책으
로 평가되고 있다.

  노비는 주인 호의 사유 재산이므로 호적에 등록되었지만

국역(國役)의 대상은 아니므로 협호에 속하였다. 협호는 넓은

의미에서 주호의 방계친족, 노비, 머슴 등 합법적으로 공인된

자이며, 좁은 의미에서 행랑, 농막에 투속하여 호적상 예속

노동력으로서 국역을 피하는 불법적인 하층민이었다. 주호-

조선시대 노동의 기억_비부婢夫 한선

협호의 관계는 학자별로 서로 다르게 해석되었는데, 일부는 주호와 혈연관계에 있는 협호들이 경제적으로 어려워서 친척인 주호의 가옥을 빌려 쓰는 임차관계라고 보았다. 사회적 의미에서 협호는 '주호에게 들어가 소작하는 몰락농민'이지만, 법제적인 의미로 '단순히 남의 가옥의 일부를 빌어 거주하는 임차인'이었으며 중국의 객호(客戶)처럼 타향에서 흘러온 사람(僑寓戶)을 의미하였다. 하지만, 객호의 의미가 변하여 토지를 소유하지 못한 무산 계층을 지칭하는 단어가 되었다. 조선시대 초기 협호는 유랑농민이었으며, 강원도 강릉지방에서 협호를 '입경(入耕)'이라고 불렀으며, 평안도와 함경도에서는 '입작(入作)'으로 불렀다. '입경'이란 외지인이 들어와 토지를 경작하는 것이며, '입작'은 산간지방의 유민 또는 유랑 화전민을 의미하였지만 다른 지역에서도 보편적으로 사용되었다.

"위원군의 사병 300여 명 가운데 상시로 있으면서 당번을 서는 사람은 단지 63명뿐입니다.
대체로 본군의 호구는 원호(元戶)가 5천 호이며 입작(入作)까지 합하면 거의 8천 호에 이를 것입니다. 8천 호의 백성으로 300명의 토병을 충당하여 정하는데 어찌 閑丁을 두지 못하는 이치가 있겠습니까." (『비변사등록』 8집, 영조 6년 1월 11일).

이 기사는 1730년 당시 평안도 위원군의 8천여 호 가운데 원호(元戶)가 5천 호, 입작(入作)이 3천 호였음을 보여주고 있다. 여기에서 호수를 원호(元戶)와 입작(入作)으로 구분하고 있다.

> "世는 세거하고 있는 주호(主戶)를 가리키고, 客이란 객호 (客戶)를 가리킨다. 3이란 3대를 살아오고 있다는 것이요, 7 이란 7대를 살아오고 있다는 뜻이며, 성천(成川) 2년이란 것 은 성천으로부터 옮겨 온 지가 겨우 2년이란 뜻이다."(『목 민심서』 권6, 호전육조(戶典六條)).

위 기사는 정약용이 호적법의 논의에서 주호와 객호에 대 해 정의한 것이다. 주호는 세대를 잇는 토착호를, 객호는 이 주민을 의미한다.

> "더욱이 듣건대, 권치대와 조명은 진술하여 아뢴 유신(儒 臣)에 대하여 매우 가까운 인척이 되고 혹은 먹여 살리는 식 솔(率屬)이 되며, 윤팽수와 갑술은 이빈흥에 대하여 혹은 식 솔(率從)으로서 협호에 들어 사는 한미한 빌어서 먹고 사는 사람(乞丐)이 되고, 혹은 한 집안에서 부리는 노복(奴僕)이 된 다 하니, 그 구부리고 종용하여 힘이 되기 쉬운데도, 그 원 인(援引)하여 입증하는 바는 모두 이 무리에게서 나왔으니, 중외(中外)의 의혹이 이로 말미암아 더욱 심해지건만 홀로 성상(聖上)께서 알지 못하실 뿐입니다 하였다."(『숙종실록』 권51, 숙종 38년 7월 24일).

위 조선왕조실록의 기사는 1712년(숙종 38)에 이빈흥(李賓興)의 협호였던 윤팽수와 갑술(甲戌)은 미미한 걸인 혹은 사환노비와 같았으며, 주인 이빈흥에 대해 예속적이었다는 것을 서술하고 있다. 협호는 근본이 없는 자(無根之人) 또는 일을 하고 밥을 얻어먹는 자(雇食入作者)이며, 갈 곳이 없이 품팔이로 생활을 영위하는 사람이었다. 협호는 주호에게 의탁하여 소작이나 사역노동을 하였으며, 머슴이나 노복(奴僕)처럼 생산성도 낮았다.

조선시대 19세기 말. 강릉 선교장 행랑채
협호는 양반 지주의 행랑채에 의탁하여 주인의 소작이나 사역노동을 하였으며, 머슴과 노비처럼 생산성도 낮았다.

19세기 후반 충청도 석성군 병촌(瓶村面)의 대표적 지주는 풍양 조씨의 조관하(趙觀夏)와 조균하(趙均夏)인데, 13명의 협호를 거느리고 있었다. 조관하의 손자 조문구(趙文久)에 의하면, 협호는 "딸린 식구처럼 전속되어 집안의 모든 일을 하고", 나아가 "다른 집에 일을 나갈 때는 허락을 받아야 했던" 존재로서 "일의 능률이 적어 차라리 품을 사는 것이 나았다."

한편, 서울과 평양, 개성 등 대도시에서 살았던 협호는 과거 시험 준비, 상공업 종사, 임노동을 목적으로 단순히 남의 가옥의 일부를 빌어서 거주하는 차입자이였다. 도시협호 가운데는 도시 빈민층 외에도 양반층과 같이 신분이나 경제적으로 부유한 사람들도 존재했다.

> "금번 이 화성의 문무과 시취 때에 擧子들이 단자를 올리는 것은 마땅히 3식년을 기준으로 해야 하는데, 경술년의 시취 때에 협호 부류는 비록 3식년이 차지 못해도 이미 시험을 칠 수 있도록 한 사례가 있으니 금번에는 어찌 해야 할지 감히 아룁니다." 하니, 답하여 말하시길, "금번은 경과(慶科)이니 기유년 이후로 잠시 3식년이 되지 못해도 2식년을 기준으로 할 것을 유수(留守)에게 분부하는 것이 좋겠다." 하셨다.

위 기사는 윤덕술(尹行恁, 1762~1801)이 정조에게 올린 글인데, 호적에 등록된 지 3식년(9년)에 못 미치는 협호로 거주하는 학생을 화성에서 실시하는 문무과(文武科)에 나가게 할지 여부를 묻는 내용이다. 과거 시험 준비를 위해 남의 가옥을 빌어 거주하는 임차인을 도시협호로 볼 수 있다.

"집주인 허생(許生)은 내가 거처하는 사랑채에 대해 승지 허질에게 40냥을 받고 나와의 계약을 환퇴하고자 하여 드디어 그 계획을 알려왔다. 내가 본래 임대한 것이 27냥이었는데 13냥을 더 받고자 하여 올바름을 돌아보지 않고 내쫓으니 어찌 잘못이 아니겠는가. 가히 인심의 어그러짐을 탄식할 뿐이다."(1796년 4월 10일).

위 노상추 일기는 노상추(盧尙樞)가 무과에 급제 후 한양에서 벼슬을 하는 동안 여러 차례 남의 집을 임대하여 옮겨 다녔다는 사례이다. 1796년(정조 20) 노상추는 수동(鑄洞)에 있는 생원 허윤(許玧)의 사랑채를 27냥의 세를 주고 빌려 거처하였다. 이때 집주인 허윤이 노상추에게 집세로 13냥을 더 지급하던지 아니면 나갈 것을 요구한 내용이다. 노상추의 경우도 서울에서 벼슬을 살면서 남의 가옥을 차입한 협호라고 할 수 있다.

일본의 교토대학(京都大學)에 소장된 『황성신문』 광무 3년(1899) 4월의 기사는 일본과 다르게 주인집에 붙어사는 사람인 '기구(寄口)'와 고용된 사람인 '용구(傭口)'를 설명하고 있다. '용구(傭口)'를 고용하고 있는 농가 호수는 경기도와 충청도 서산, 공주, 전라도 부안 등 에서 전체 농가의 10% 이상을 차지하였다. 1899년 경상도 안동 호적에서도 총358호와 1,220명의 인구 가운데 고용인이 170명(남 57, 여 113)으로서 전체 인구의 14%를 차지하였다. 1930년 조선총독부가 간행한 보고서인 『조선의 소작관행(小作慣行)』에서도 "예속적 관습(從屬的 慣習)에 의하여 지주의 주택에서 거주하면서 소작농사도 하고 지주의 사역인(使用人)을 하는 풍습"이 소개되고 있는데, 협호는 전체 농가 300만 호 가운데 1.4%로 적은 수였다.

조선시대 양반의 상아호패와 양민의 나무호패
조선의 대표적인 사회 특징으로서 신분제는 국가와 국민의 관계를 신분으로 구분하여(양반, 중인, 양민, 노비), 조세, 군역, 신역의 의무를 다르게 부과하였다. 호패는 그 사람의 이름, 신분계급, 출생연도를 나타내는 중요한 국가 공식증명서였다. 그림에서 양반의 호패는 고급재질인 상아로 만들었으며, 양민의 호패는 값이 저렴한 나무로 만들었다.

18~19세기 머슴과 협호를 동시에 기록한 유일한 자료로서 언양 호적대장이 있다. 호적대장에서 주호는 호적대장에 등재된 주인 호이며, 협인을 거느린 주호를 "협주호", 머슴(고공)을 거느린 주호를 "고주호"라고 지칭한다. 협주호의 비율은 1825

년에 45%이었으며, 전체 인구에서 협인의 비율도 20% 정도로 많았다. 하지만 19세기 후반인 1861년에 협주호의 비율은 6% 미만으로 감소했고, 협인의 비율도 1%로 급감했다.

흥미로운 사실은 19세기 협호인구는 호적 인구감소보다 훨씬 빠르게 감소했다는 점이다. 이는 지주의 입장에서 협호가 농한기인 겨울에 계절실업을 가져오는 비효율적 노동자이므로, 이들의 사용을 줄이고 대신 농번기에만 일시적인 고용이 가능한 단기머슴이나 일고로 노동력을 전환했기 때문으로 보인다. 언양 협호의 신분 변동을 파악해보면 주호와 협호의 관계를 파악해 볼 수 있는데, 신분을 구분하는 기준으로서 그 사람의 직역과 함께 부인의 호칭을 함께 고려했다. 즉, 유학, 생원, 관료, 충의위(충순위, 충장위), 한량, 업유·업무, 출신·부장 등 양반 직역이면서 부인의 호칭이 씨(氏)인 경우는 양반으로, 향리, 교생, 무학, 군관 등 중인이면서 부인의 호칭이 성(姓)인 경우는 중인으로 구분하였다. 각종 군역이나 역리 등 보통 상민이면서 부인의 호칭이 소사(召史)인 경우는 상민이었다. 호적상 호주가 여성인 경우 씨(氏)나 과부(寡婦)인 경우는 양반신분으로, 성(姓)인 경우는 중인신분으로, 과부나 소사(召史)인 경우는 상민신분으로 판정하였다.

협호의 신분은 18세기에 주로 상민(전체 협호 가운데 68~88%)이었으며, 경제적으로 곤궁하여 주호에 의탁하여 생활을 영위하는 계층이었다. 협호는 상민이 압도적으로 많았지만 양반

(7~23%), 중인(2~13%), 노비(1~4%) 들도 있었다. 하지만, 19세기 후반 협호는 그 숫자도 줄어들고 신분도 주호와 친인척 관계인 양반으로 전환되었다. 이는 조선 신분제사회가 흔들리면서 민란과 농민의 조세저항 운동이 빈번히 발생하였고 양반지주는 자신과 가문의 토지 관리를 위해 친인척 양반을 자신의 협호로 호적에 올렸다. 이때 주호-협호의 관계는 노동력을 매개로 한 경제적 관계에서 사회적 관계로 변화하였다.

19세기 초반 협호의 성별비중은 남자 48%, 여자 52%로 남녀비율이 비슷하였으며, 협호의 나이는 남자 40세와 여자 36세이었다. 이처럼 협호 남녀의 나이차이가 4살이며, 남녀의 비율이 비슷하다는 점에서 협호는 부부관계이며 가족단위로 구성되었다는 것을 알 수 있다. 하지만, 19세기 후반에 거의 모든 협호는 가족이 아닌 1인 협인으로 구성되어서 협호의 역할이 달라졌다는 것을 알 수 있다. 참고로 19세기 같은 지역인 언양에서 남자머슴은 농업생산에 적합한 나이인 33세이었으나, 여자는 15세 전후로서 협호의 모습과 확연하게 차이가 난다. 언양에서 주인 호 밑에서 몇 개의 협호가 거주했는지를 파악하기 위해서 가족을 대표하는 25세~50세의 남자 가장의 숫자를 직접 세어보았다. 호 당 1가구 협호를 보유한 비율은 19세기 초반 74%이었으며, 호 당 2가구 협호를 보유한 경우도 20%나 되었다. 하지만, 19세기 후반에 거의 모든 주호가 협호 가구가 아닌 1인 협인을 보유하였다.

결국, 19세기 초반 협호는 신분이 자유로운 상민신분이었으며, 가족단위로서 농업생산에 적합한 30~40세이었다. 협호는 생계를 위해 노동을 하였지만 그 신분은 예속 노동력인 노비와 달랐다. 하지만 19세기 후반 협호는 그 숫자가 급격히 줄어들고 신분도 친척관계에 있는 양반 남성 1인으로 구성된 협호가 대부분이었다. 흥미로운 점은 주인 신분에 따라 협호 신분도 달라졌는데, 양반 주인일 때 협호는 양반 22%, 상민 58%이었으나, 상민 주인일 때 협호는 양반 2%, 상민 91%으로서 상민비중이 절대적으로 많았다.

19세기 조선에서 양반과 노비의 신분제 질서가 흔들리고, 시장경제도 급격하게 침체되었다. 노비와 장기 머슴은 거의 도망갔으며, 그 숫자도 급격하게 줄어들었다. 이들이 도망갔다면 누가 농업에서 노동을 했을까 하는 의문은 다른 노동형태에서 찾을 수 있다. 이들은 고공법에서 일시적인 노동자로 인정했던 일고, 삶을 위해서 신분제 사회에서 노동시장 대신 스스로 인신매매를 택했던 자매노비, 그리고 지주의 행랑에 의탁하여 가족단위로 노동을 하였던 협호 가족이었다. 이들은 토지에서 이탈하여 떠돌다가 그저 하루의 생계와 임금을 대가로 노동시장이 나타나기 전에 신분사회에서 삶을 유지했던 계층이었다. 이들은 바로 노상추 일기에서 노상추가와 신분사회로 부터 도망갔던 비부 한선이었다.

이들 노동자들이 전체 조선 인구가운데 차지하는 노동비중은 약 55%이다. 이들이 나머지 전체 인구를 먹여 살린 셈이다. 조선에서 토지를 가지고, 이들 노동자들을 고용했던 나머지 인구의 45%인 양반지주들은 조선 전체의 생산소득 99%를 가졌을 것이다. 왜냐하면 일고, 자매노비, 협호 등 노동자들은 19세기 조선에서 유일한 생산수단인 전답을 한 조각도 갖지 못했기 때문이다. 세계경제사적으로 이들은 조선에서 임금 노동의 개념이 존재하지 않았던 때부터 노동 시장을 열었던 자본주의적 노동자들이었으며, 노동을 통한 자본축적의 기원을 제공했다.

에필로그

　이 책은 18~19세기 노상추 일기를 통해 비부 한선과 비 손단의 도망을 통해서 조선후기 노동자로서 머슴의 모습을 살펴보고 있다. 또한, 이들이 도망간 곳으로 추정되는 단성과 언양의 호적대장과 노비매매문서를 추적하여 머슴과 더불어, 일고와 자매노비, 협호 등 조선후기 임노동에 대한 기억을 되살려보고, 조선의 사회변동에 대한 중요한 모티브를 임노동의 변화에서 찾고 있다.

　조선후기는 농업경제로 대변되는 경제적 특성과 신분제로 나타나는 사회적 질서로 구분된다. 농업경제에서 토지는 생존수단이며 동시에 거주지이다. 오늘날처럼 다른 곳에 가서 일을 할 수도 없었다. 농업경제에서 농민이 토지를 박탈당한다는 것은 자신과 가족에게는 물리적 죽음을 의미한다. 이 시기 노비와 머슴은 농업생산에서 노동력을 제공하는 동시에 양반신분을 유지해주는 수단으로서 조선후기 사회경제적 특성을 잘 나타내고 있었다.

　조선후기 노비의 사회경제적 성격을 바꾸게 되는 중요한 계기는 머슴(고공)과 병작경영이다. 머슴은 후천적으로 얻어지는 사회적 신분이며, 법률적 신분에서 양인보다 못하지만 원한다면 다시 원래의 신분을 회복할 수 있어서 신분적 개방성을 갖고 있었다. 병작경영은 직접 가작지 농업을 대체하는 방식이며 생산적 개방성을 가지고 있었다. 조선후기 노비의 도망과 자의식 성장으로 노비를 부리는 비용이 커서, 대체노동으로서 머슴이 등장하였다. 지주들은 생산성의 하락을 보완하기 위해 직접경작을 하는 가작지에서는 노비 대신 머슴을 적극 활용하였으며, 거주지로부터 멀리 떨어져 있는 토지에 대해서는 병작을 주어서 생산성을 높이게 되었다.

조선시대에서 초기 머슴은 노비와 달리 신분적 예속성을 가지고 있지는 않았지만, 신분제사회에서 점차 그 성격이 노비와 유사하게 변화하였다. 18~19세기 노비 숫자가 급격히 줄어들면서 머슴도 나이가 어려지고 여성이 남성보다 압도적으로 많아지는 추이를 보이고 있다. 흥미로운 점은 조선후기에 노비와 머슴이 사라지고, 어린 여성으로 대체되었다면 누가 농업생산을 했을까 하는 것이다. 노비와 머슴 이외에 주목해야 하는 노동자는 단기, 일시적 머슴(일고)이다. 법으로 조세를 목적으로 호적에 기록하는 장기고공에 비해 단기머슴인 일고는 호적에 기록되지 않은 임시 노동자이며, 생계유지가 어려워서 날품팔이를 하여 생계를 유지하는 노동계층이다. 하지만 이들은 지주에게 경제적, 신분적 예속관계를 가지고 있지 않았기 때문에 다른 노동형태 보다는 자유롭고 생산성이 높았다.

노비와 머슴(고공)의 경우 경제적, 신분적 예속관계로 인해 노동이 강제성을 가지게 되고, 그 결과 태업과 도망 등 저항이 잦아지면서 생산성이 낮았다. 따라서 농업생산에서 생산력의 강화가 가능한 유일한 노동형태는 일시적 노동력인 일고이었을 것이다. 일고는 호적에 기록되지 않았고 관련 자료가 부족하여 노비와 머슴에 비해 어느 정도 사회적으로 확산되었는지 확인하기가 쉽지 않다. 일고의 등장은 임노동의 태동과 직접적인 연관을 가지고 있으며, 19세기 말 자본주의 맹아가 싹트는 토양을 제공해준 것으로 파악되고 있다. 조선후기 19세기 농업에서 단기머슴과 작인의 사용이 확대되는 구체적인 사례를 경상도 예천 대저리 박씨가, 칠곡 광주이씨가, 그리고 단성 김인섭가의 농업일기에서 살펴보았는데, 일고의 사용이 50~70%를 차지할 정도로 많았다.

한편, 조선후기에 단기머슴과 함께 흥미로운 노동형태는 경제적 몰락 계층이 자신이나 자녀를 스스로 팔아서 노비로 된 자매노비(自賣奴婢)이다. 화폐경제의 발전과 더불어 물가는 상승하고 부세수탈이 심해지면서 농업에서 퇴출되어 일하지 못하는 빈농이 증가했다. 농업생산을 하지 못하게 된 빈농은 유랑하거나 생계유지를 영위하기 위해 노동력을 팔아야 하는데, 신분제사회에서 임노동을 사고파는 유연한 노동시장이 존재하지 못했다. 일하기를 원하는 사람들이 노동을 매매하는 형식은 이 당시 신분제의 형식을 갖춘 노비시장이었으며, 이들 유민과 빈농층은 일부는 스스로 매매를 통해 노비신분으로 전락하게 되었다. 자매노비의 등장은 신분제 사회에서 노동시장의 기능을 대체하는 기능을 잘 나타내고 있다.

마지막으로 단기머슴과 자매노비와 함께 관심을 가져야 할 노동형태는 여성노동이다. 18~19세기에 노비, 머슴, 협호에서 공통적으로 보이는 노동특성은 이들 노동력이 모두 연소화, 여성화 된다는 사실이다. 이들이 여성화되었다는 의미는 남노나 남성머슴의 생산성이 떨어지면서 비교적 생산성이 높은 여성노동을 이용하려는 경향이 크게 나타났다고 해석할 수 있다. 여성노동에 대한 사회적 수요가 많고 생산성이 높았던 것은 농업생산에서 여성이 남성에 비해 태업이나 도망 등 저항이 비교적 작았고, 농한기에도 노동 강도와 생산력을 어느 정도 유지할 수 있기 때문이다. 농촌에서 농한기 동안 남성은 계절적 실업상태에 들어가는데 반해 여성들은 이 기간에 면방직이나 양잠 등 다른 제조업에 투입될 수 있었다.

조선후기 머슴은 영조 시기(1732) 이전에는 신분이 자유로운 양인신분의 임노동자이었으나, 그 이후 예속적인 노동력으로 변화하였다. 머슴의 숫자는 1732년 이후 급격히 감소하였으며, 양인 대신 점차 노비신분이 증가하였다. 머슴의 연령도 청장년층의 비중이 75%이었지만, 그 이후 나이 어린 여자의 비중이 높아졌다. 즉, 18세기 중반 이후 머슴은 노비화, 여성화, 연소화의 경향을 보이며, 생산노동력 보다는 생계유지를 위한 사역노동으로 사용되었다는 것을 의미한다. 한편, 머슴과는 별도로 주목해야 하는 노동계층이 협호이다. 관찬사료와 문집, 일기, 고문서 등에서 협호와 관련된 자료들이 많지 않다. 협호는 조선후기 농민층이 분화되면서 발생한 생계가 어려운 몰락농민으로서, 주호의 예속노동력이나 종속소작인 또는 임노동자로 존재했다. 협호는 19세기 초반 인구의 20% 이상으로 신분이 자유로운 양인 가족이 중심이었으며, 주로 생산노동을 하였다. 하지만 그 이후 협호는 인구의 1% 이하로 급격히 줄었으며, 신분도 주인과 친인척 양반으로 변화되어서 생산보다는 그 이전과 다른 사회적 관계로 전환된 것으로 보인다.

19세기 조선에서 양반과 노비의 신분제 질서가 흔들리고, 시장경제도 급격하게 침체되었다. 노비와 장기 머슴은 거의 도망갔으며, 그 숫자도 급격하게 줄어들었다. 조선에서 노비와 장기 머슴이 도망가고 대신 일을 했던 사람들은 고공법에서 일시적인 노동자로 인정했던 일고, 삶을 위해서 신분제 사회에서 노동시장 대신 스스로 인신매매를 택했던 자매노비, 그리고 지주의 행랑에 의탁하여 가족단위로 노동을 하였던 협호 가족이었다. 이들은 바로 노상추 일기에서 노상추가와 신분사회로 부터 도망갔던 비부 한선이었다. 이들 노동자가 전체 조선 인구가운데 차지하는 노동비중은 55%이다. 토지를 가지고 있던 나머지 인구의 45%인 양반지주들은 조선 전체의 생산소득 99%를 가졌을 것이다. 왜냐하면 일고, 자매노비, 협호 등 노동자들은 유일한 생산수단인 전답을 한 조각도 갖지 못했기 때문이다. 세계경제사에서 이들은 조선에서 임금노동의 개념이 존재하지 않았을 때부터 자본주의적 노동자들이었다.

참고문헌

역사문헌

『朝鮮王朝實錄』, 『備邊司謄錄』, 『日省錄』, 『承政院日記』, 『經國大典』, 『磻溪隨錄』, 『牧民心書』, 『秋官志』, 『千一錄』, 『大典通編』, 『盧尙樞日記』, 端硯日記』, 『擬上經界策』 下, 『碩齋稿』, 『訟案』[奎古 5120], 『皇城新聞』.

조선시대 호적대장 사료

성균관대학교 대동문화연구원, 『慶尙道丹城縣戶籍大帳』 전산데이트베이스 (한글판), 2003.
부산대 한국민족문화연구소 편, 『慶尙道彦陽縣戶籍大帳』 上, 下卷, 1989.
서울대 규장각, 『慶尙道大邱府戶籍大帳』 187책.
韓國精神文化硏究院, 『慶尙道丹城縣戶籍大帳』 上, 下卷, 1980.

노비매매문기 사료

서울대 奎章閣, 國立中央圖書館, 韓國學中央硏究院院, 嶺南大圖書館, 嶺南大博物館, 전북대박물관, 圓光大博物館, 順天大博物館, 木浦大博物館, 全州歷史博物館, 國立全州博物館, 서울역사박물관 所藏의 奴婢賣買文記, 李樹健編, 『慶北地方古文書集成』, 『嶺南古文書集成』 Ⅰ · Ⅱ.

國立全州博物館,『朝鮮時代古文書』, 전북대박물관,『박물관도록-고문서-』, 國民大博物館,『雪村家蒐集 古文書集成』, 다운샘,『최승희 서울대 명예교수 소장 조선시대 고문서』 I

韓國精神文化研究院 편찬사료 -『光山金氏烏川古文書』,『扶安金氏愚磻古文書』,『古文書集成 (2-76)』,『勝聰明錄』(韓國學資料叢書 7)

저서 및 논문

안병직・이영훈 편저,『맛질의 農民들-韓國近世村落生活史-』, 일조각, 2001.

이영훈,『朝鮮後期社會經濟史』, 한길사, 1988.

이정수・김희호,『조선시대 노비와 토지 소유방식』, 경북대출판부, 2006.

조선총독부편,『朝鮮ノ小作慣行』上卷, 下卷, 1933.

平木實,『朝鮮後期 奴婢制度 研究』, 지식산업사, 1982.

久間健一,『朝鮮農業の近代的樣相』, 目黑書店(東京), 1935.

강승호,「丹城縣 戶籍大帳을 통해 본 雇工-17세기 後半~18세기 前半을 중심으로-」,『龜泉元裕漢教授定年紀念論叢』下, 혜안, 2000.

김용섭,「朝鮮後期에 있어서의 身分制의 동요와 農地占有-尚州量案研究의 一端-」,『사학연구』15, 1963.

박성수,「雇工研究」,『사학연구』18, 1964.

이영훈,「한국사에 있어서 奴婢制의 추이와 성격」,『노비・농노・노예-隷屬民의 比較史-』, 일조각, 1998.

한영국,「朝鮮後期의 雇工-18・19世紀 大邱府戶籍에서 본 그 實態와 性格-」,『역사학보』

四方博,「李朝人口に關する身分階級別的觀察」,『京城帝國大學法學會論集』10, 1938.